笑わせる技術

世界は9つの笑いでできている

西条みつとし

光文社新書

目次

はじめに　14
何故、笑いが必要なのか？　14
笑いを9つに分類　17

第1章　共感の笑い　難易度★――21
（1）「共感の笑い」では、相手をどういう感情にさせることによって、どういう理屈で、笑いを取れるのだろうか？　21
心の距離　21
仲間意識　23
（2）「共感の笑い」は、どういう相手や場に適しているのだろうか？　25
（3）「共感の笑い」を取る方法　26
笑いにならない共感と笑いになる共感の違い　26

◆笑いにならない共感　26
◆笑いになる共感　26
1　相手が口に出さないような感情や行動を、あえて口にして共感させる（恥ずかしい、悲しい、疑問、ムカつく、ウザい、ハラたつ、など）　27
1-1　恥ずかしかったことをあえて口に出す　27
1-2　悲しい感情を口に出す　28
1-3　疑問に思っていることをあえて口に出す　30
1-4　キモい、ウザい、と思う感情をあえて口に出す　31
2　相手の忘れていた過去の記憶を蘇らせて共感させる　32
（4）「共感の笑い」で、できるだけ大きな笑いを取るには？　34
共感度を上げる　34
共感する確率が低い内容を選択する　35
◆大きな笑いにならない「共感の笑い」　38
◆大きな笑いになる「共感の笑い」（一部の人しか共感できない内容）　38
共感する確率を高くしつつ、大きな笑いを取る方法　40

(5)「共感の笑い」を取る時の注意点　44
共感させても笑いが起きないことがある　44
笑いを押し殺すケース　47
(6) まとめ　49
「共感の笑い」はリスクが低い　49

第2章　自虐の笑い　難易度★　51
(1)「自虐の笑い」では、相手をどういう感情にさせることによって、どういう理屈で、笑いを取れるのだろうか？　51
〝不幸の告白〟　52
(2)「自虐の笑い」は、どういう相手や場に適しているのだろうか？　54
(3)「自虐の笑い」を取る方法　54
(4)「自虐の笑い」で、できるだけ大きな笑いを取るには？　57
〝自虐の不幸度〟を上げる　57
1　前置きを作る　60
前置きの作り方（いつ、どこで、誰に、どんな状況で、など）　60

◆いつ　60
◆どこで　62
◆誰に　62
◆どんな状況で　62
2　違う種類の笑いを足す　63
◆「自虐の笑い」＋「共感の笑い」　64
3　出来事を大きくしていく　66
（5）「自虐の笑い」を取る時の注意点　66
相手の許容範囲を見極める　66
◆許容範囲内　67
◆許容範囲外　68
いくつもの要素から許容範囲を予想する　70
◆男性1（17歳）と男性2（17歳）の友人同士　70
◆男性（17歳）と女性（17歳）のあまり喋ったことがないクラスメイト　71
◆男性（52歳）と女性（52歳）の20年以上の飲み仲間　72
（6）まとめ　73

第3章　裏切りの笑い　難易度★★★

―― 75
（1）「裏切りの笑い」では、相手をどういう感情にさせることによって、どういう理屈で、笑いを取れるのだろうか？ 75
「裏切り」とは何か？ 75
〝ドッキリ〟 78
漫才 80
（2）「裏切りの笑い」は、どういう相手や場に適しているのだろうか？ 81
（3）「裏切りの笑い」を取る方法 82
相手の予想・想像を明確にする 87
マンツーマンで「裏切りの笑い」を取る方法 91
（4）「裏切りの笑い」で、できるだけ大きな笑いを取るには？ 93
「裏切られ度」を上げる 93
1　前置きを作る 95
◆前置きなし 96
◆前置きあり 96

2　違う種類の笑いを足す　99
◆「裏切りの笑い」＋「自虐の笑い」　99
（5）「裏切りの笑い」を取る時の注意点　102
笑わせる人の許容範囲によって笑いが起こる場合と起こらない場合　102
◆許容範囲内　102
◆許容範囲外　104
3人の関係性によって笑いが起こる場合と起こらない場合　106
◆男性1と男性2と店主の3人が、10年以上の友人同士という関係性　106
◆男性1と男性2は10年以上の友人同士。しかし、店主は他人という関係性　107
信頼感　108
裏切る人と裏切られる人が手を組む　108
（6）まとめ　112

第4章　安心の笑い　難易度★★

（1）「安心の笑い」では、相手をどういう感情にさせることによって、どういう理屈で、笑いを取れるのだろうか？　113
緊張と緩和　113
（2）「安心の笑い」は、どういう相手や場に適しているのだろうか？　114
緊張と緩和　114
（3）「安心の笑い」を取る方法　116
緊張感を漂わせる　116
「安心の笑い」は単独では存在し得ない　119
第3者がいなくても成り立つ「裏切りの笑い」　123
（4）「安心の笑い」で、できるだけ大きな笑いを取るには？　126
「安心の笑い」「裏切りの笑い」＋他の笑いの種類で大きな笑いを取る　127
（5）「安心の笑い」を取る時の注意点　130
緊張を作りすぎると笑いは減る　130
◆あまりに緊張を作りすぎた場合　132
（6）まとめ　133

第5章　期待に応える笑い　難易度★★★★——135

（1）「期待に応える笑い」では、相手をどういう感情にさせることによって、どういう理屈で、笑いを取れるのだろうか？　135
相手を満足させる　135
（2）「期待に応える笑い」は、どういう相手や場に適しているのだろうか？　136
（3）「期待に応える笑い」を取る方法　137
相手の期待を感じ取り、実行　137
笑いの種類が変化する　140
◆「どうぞどうぞ」ダチョウ倶楽部（引用）　140
◆会話の流れの中での変化　143
（4）「期待に応える笑い」で、できるだけ大きな笑いを取るには？　145
大きく満足するというのは、どういうことか？　145
（5）「期待に応える笑い」を取る時の注意点　147
（6）まとめ　148
コラム　9つの「笑わせる技術」とダジャレ、下ネタ　150

第6章　無茶の笑い　難易度★★★★★――156
（1）「無茶の笑い」では、相手をどういう感情にさせることによって、どういう理屈で、笑いを取れるのだろうか？　156
快感が笑いに変わる　156
（2）「無茶の笑い」は、どういう相手や場に適しているのだろうか？　158
（3）「無茶の笑い」を取る方法　158
（4）「無茶の笑い」で、できるだけ大きな笑いを取るには？　162
（5）「無茶の笑い」を取る時の注意点　162
（6）まとめ　163
第7章　発想の笑い　難易度★★★★★――165
（1）「発想の笑い」では、相手をどういう感情にさせることによって、どういう理屈で、笑いを取れるのだろうか？　165
（2）「発想の笑い」は、どういう相手や場に適しているのだろうか？　166
（3）「発想の笑い」を取る方法　166

（4）「発想の笑い」で、できるだけ大きな笑いを取るには？　169
（5）「発想の笑い」を取る時の注意点　170
（6）まとめ　170

第8章　リアクションの笑い　難易度★★　172

（1）「リアクションの笑い」では、相手をどういう感情にさせることによって、どういう理屈で、笑いを取れるのだろうか？　172
「リアクション」とは何か？　172
「リアクションの笑い」とは　173
（2）「リアクションの笑い」は、どういう相手や場に適しているのだろうか？　176
（3）「リアクションの笑い」を取る方法　176
（4）「リアクションの笑い」で、できるだけ大きな笑いを取るには？　182
ウソとバレない範囲で反応を大きく見せる　183
反応のバリエーションを増やす　183
生まれた感情を伝える言葉選び　184

（5）「リアクションの笑い」を取る時の注意点　184
笑いにならない時　185
（6）まとめ　186

第9章　キャラクターの笑い　難易度★★★――188

（1）「キャラクターの笑い」では、相手をどういう感情にさせることによって、どういう理屈で、笑いを取れるのだろうか？　188
「キャラクター」とは何か？　188
◆表面的キャラクター　190
◆内面的キャラクター　190
「キャラクターの笑い」とは　190
（2）「キャラクターの笑い」は、どういう相手や場に適しているのだろうか？　191
（3）「キャラクターの笑い」を取る方法　192
キャラクターのイメージ通りの言動をする　192
◆相手が自分を太っている（キャラクター）と認識していて、それを利用して笑いを取りたい場合　192

◆相手が自分を恐妻家の旦那（キャラクター）だと認識していて、それを利用して笑いを取りたい場合　193
（4）「キャラクターの笑い」で、できるだけ大きな笑いを取るには？　194
（5）「キャラクターの笑い」を取る時の注意点　194
（6）まとめ　195
最後に　「笑わせる技術」を使いこなすための人間力　196

執筆協力　山本譲城　宮田聖　高橋旦征　大桶純一

はじめに

何故、笑いが必要なのか？

人は何故笑いを求めるのでしょうか？
かの有名な、ドイツの哲学者・フリードリヒ・ニーチェはこう言いました。
「**人間だけがこの世で苦しむため、笑いを発明するほかなかったのだ**」と。
我々人間は、必ず何かしらのコミュニティーに所属しています。
家族、友達、恋人、学校、部活、会社、バイト先、ネット、サークルなどなど。

もっと大きく見れば、町や村、区や市といった自治体、さらに都道府県、国……。そしてもっともっと大きく言うと、地球というコミュニティーに所属していることになります。

このコミュニティーに所属している以上、避けて通れないのが「**人間関係**」です。人の悩みの大半は、この人間関係が占めていると言っても過言ではありません。

そこに人は苦しむのです。


では、どうすれば「人間関係」を上手《うま》く築きあげることができるのか？

それは「笑う」ことなのです。

笑いは、人を楽しい気持ちにさせてくれる力をもっています。

さらには、ストレスを解消してくれたり、落ち込んだ気分を忘れさせてくれたりする働きもあります。

笑わせた側も笑った側も、同じ笑いによって仲間意識が生まれ、友好的な関係を作っていけるというわけです。

笑いが取れるということは、今やその人のステータスの一つです。

笑いの取れる人の周りには人がたくさん寄ってくるでしょう。

笑いの取れる人はモテるでしょう。

笑いの取れる人は仕事ができるでしょう。

笑いを人に与えることができれば、あなた自身も相手も幸せになり、人間関係も上手くいくはずです。


本書では、そんな笑いの仕組みについて、具体例をたくさん交えながら解説していきます。

自己紹介が遅れましたが、私は現在、ＴＡＩＹＯ ＭＡＧＩＣ ＦＩＬＭという劇団を主宰している西条みつとしと申します。元々はお笑い芸人として、舞台やテレビで活動していました。２０１０年に芸人活動をやめ、放送作家へ転身。数々のバラエティー番組の構成作家として活動しながら、2012年にTAIYO MAGIC FILMの基となる劇団を立ち上げます。今は、自分の劇団以外にも、ドラマや映画の監督や脚本、舞台の演出や脚本を手掛けています。また、数多くのお笑いスクールやお笑い事務所の講師なども務めています。

本書の内容は、それらの講義の内容をベースに執筆しました。

さて、さっそく本題に移りたいと思います。

笑いを9つに分類

本書では、笑いの種類を9つに分け、笑いを取る方法や技術を、順に一つずつ解説していきます。できるだけわかりやすく解説するために、お笑い用語はなるべく省いています。

具体的に、次の**5つのポイント**に基づいて解説します。

・相手をどういう感情にさせることによって、どういう理屈で、笑いを取れるのだろうか？
・どういう場や相手に適しているのだろうか？
・笑いを取る方法（具体例）
・できるだけ大きい笑いを取るには？
・笑いを取る時の注意点

各章には例文を豊富に用意していますので、ぜひ参考にしてみてください。

「第1章　共感の笑い」「第2章　自虐の笑い」は初級編です。この2つは笑いの基本的なものと思ってもらえばいいでしょう。

「第3章　裏切りの笑い」「第4章　安心の笑い」「第5章　期待に応える笑い」は中級編です。これらの笑いは、シチュエーションや場の空気、相手との距離感が肝心ですので、そういったものを敏感に感じ取らねばなりません。

そして、諸刃の剣の「第6章　無茶の笑い」、オリジナリティー溢《あふ》れる「第7章　発想の笑い」は上級編です。難しい笑いの取り方ですが、爆笑を引き起こす可能性を秘めています。

さらに、老若男女・万国共通で笑いを取れる「第8章　リアクションの笑い」、笑いのスパイスとなる「第9章　キャラクターの笑い」へと進んでいきます。これらは応用が利くので、笑いの幅を広げてくれることでしょう。

笑いは、複雑で難しそうに見えますが、本書を読んで笑いの構造を理解して実践していただければ、自信がない方でも笑わせる能力が身につくはずです。

もちろん、元々笑いに自信がある方も、いろいろなバリエーションを知ることによって、より質の高い笑いを起こせるようになるでしょう。

本書の内容を活用して、ぜひたくさんの人を笑わせてみてください。

それでは、さっそく第１章に移りましょう。

第1章　共感の笑い　難易度★

あなたの言動で、笑わせたい相手に共感をもたせて笑いを生む技術

（1）「共感の笑い」では、相手をどういう感情にさせることによって、どういう理屈で、笑いを取れるのだろうか？

心の距離

自分の言動で、人に、「その感情わかる〜わかる〜」「そんなことあった！　あった！」「そういう人いる！　いる〜！」「人には言えないけど、俺もそう思ってた〜！」などと、思わせることができたら、あなたは、相手を共感させることができたと言えるでしょう。

相手に共感させた瞬間、相手と、自分の心の距離は縮まります。共感させる内容によって、縮まる距離が少しだけのこともあれば、一気に大きく縮めることもできます。

逆に、「俺は、そう思ったことはない！」「私には、そんな経験は一度もない！」「俺の周りにはそんな人いない！」などと思わせてしまったら、相手を共感させることができなかったと言えるでしょう。そうなると、相手との心の距離は、少しずつ離れていきます。内容によっては一気に離れていくこともあるでしょう。

共感させることができれば、基本的に笑いは取れます。この笑いのことを、本書では「共感の笑い」と呼びます。

心の距離と笑いとの関係は次のようになります。

相手との心の距離が少し縮まる　↓　微笑

相手との心の距離が一気に大きく縮まる　↓　爆笑

このような感じで変わっていくと思っていいでしょう。

仲間意識

では、自分と相手との心の距離感によって、どうして笑いが起こるのか？

それを知るには、まず心の距離感によって何が生まれるかを、知る必要があります。

それは〝仲間意識〟です。

相手との心の距離が縮まれば縮まるほど、仲間意識が生まれ、相手との心の距離が離れれば離れるほど、仲間意識がなくなっていきます。

心の距離が離れすぎた場合、敵対意識すら生まれることもあるでしょう。

ここまでくれば笑いと結びつけられます。

どういう関係の人といる時に、あなたは笑顔になることが多いですか？

仲間といる時？　それとも仲間じゃない人といる時？　はたまた、敵といる時？

もちろん、仲間といる時が、一番笑顔になることが多いはずです。

何故か？

それは、仲間といると……安心だから、幸せだから、警戒心がなくなるからです。だから、人間は仲間といると自然と笑いやすくなるのです。

敵だと意識している人と話していて、笑顔が出ることがありますか？

ないと思います。あるとしたら、それは無理矢理作った笑顔のはずです。


これを利用しましょう。

笑いを起こすために仲間意識を与える。

仲間意識を与えるために共感させる。

共感させることで笑いが生まれるのは、そのような理由からです。

自分の言動で相手を共感させていきましょう。すると、相手から自然に笑いが生まれてくるはずです。

（2）「共感の笑い」は、どういう相手や場に適しているのだろうか？

「共感の笑い」は、笑いを生むための基本的な技術です。どういった相手でも、どういった場面でも、比較的使い勝手が良いと言えます。

初対面の相手だろうが、元々仲の良い相手だろうが、先輩だろうが、後輩だろうが、家族だろうが、恋人だろうが、相手とマンツーマンの場だろうが、数人での会議だろうが、宴会のように、大勢の人の前で笑いを取らなきゃいけない場面であろうが、基本的に場や人を選びません。

手を出しやすい笑いなので、まずはここから試すのが良いでしょう。

笑いの理屈や構造を知らずとも、人は「共感の笑い」を使って生きているはずです。

（3）「共感の笑い」を取る方法

笑いにならない共感と笑いになる共感の違い

◆笑いにならない共感

常識的な内容の場合、共感は生まれても笑いは取れません。

【例】

「夏になると暑いよね?」

もちろん共感はするでしょうが、笑いは生まれません。常識的な内容なので、これを聞いても仲間意識が生まれないからです。

◆笑いになる共感

常識的ではなく、共感する内容です。共感させる内容別に例をあげてみましょう。

1　相手が口に出さないような感情や行動を、あえて口にして共感させる（恥ずかしい、悲しい、疑問、ムカつく、ウザい、ハラたつ、など）

1-1　恥ずかしかったことをあえて口に出す

【例1】
青年1「小学生の時、クラスみんなの前で、『先生！』と言おうとしたら、『お母さん！』と言ったことがあってさぁ」
青年2「やったことある～（笑）」
青年3「確かに小学生の頃、そんな奴いたわ～（笑）」

【例2】

女性1「こないだ、鼻歌を歌いながら帰っていたら、後ろにずーっと人いたわ（笑）」

女性2「恥ずー」

女性3「（笑）」

女性1「止《や》めたら逆に恥ずかしいから、そのまま鼻歌歌いとおした（笑）」

女性3「わかるわかる（笑）」

【例3】

男性1「自分に手を振っていると思って、振り返したら、俺じゃなくて後ろの奴に手振ってた（笑）」

男性2「あるある（笑）」

1－2 悲しい感情を口に出す

【例1】

学生１「駅前のコンビニに、店員で可愛い子がいるの知ってる?」
学生２「ああ、知ってる」
学生１「さっき、その可愛い店員さんの方のレジにせっかく並んだのに、隣のレジの人に『お待ちのお客様どうぞ』って、違うレジに誘導されたんだよ」
学生２「そういうことある〜（笑）」

【例２】
社会人１「この前、会社遅刻したら、上司に『なんで遅刻した!?』って聞かれて」
社会人２「うん」
社会人１「渋滞に巻き込まれたんです、って言ったら『言い訳すんな!』って。じゃあ、聞かないでよー」
社会人２「確かに（笑）」

【例3】
学生1「昔、かくれんぼで、ずーっと隠れていたら、オニの奴すでに帰ってた（笑）」
学生2「俺もあったー（笑）」

1-3　疑問に思っていることをあえて口に出す

【例1】
青年1「なんでかわからないんだけどさぁ、判子売り場行くと、全く買う気もないのに、一応自分の名前あるか探しちゃわない？」
青年2「俺もやっちゃう〜（笑）」

【例2】
女子大生1「課題とかやらなきゃいけない時に限って、部屋の掃除したくならない？」
女子大生2「わかる（笑）。結局全然課題ができない（笑）」

【例3】
学生１「台形の面積の求め方とかいつ使うんだよ」
学生２「確かに（笑）。そもそも台形を見ない（笑）」

1-4　キモい、ウザい、と思う感情をあえて口に出す

【例1】
ＯＬ１「最近うちの部署に移動してきた上司いるじゃん？」
ＯＬ２「あ～青木さん？」
ＯＬ１「そう。青木さんの喋《しゃべ》り方、なんか、ネチョネチョしてて、キモくない？」
ＯＬ２「わかる～（笑）」

2　相手の忘れていた過去の記憶を蘇らせて共感させる

【例1】
女性1「高校の頃、私とあんたと○○と3人で海外旅行に行った時、○○、旅行先で財布落として、泣きながらテンパってたよね？」
女性2「確かに！　あった！　あった～（笑）」

【例2】
男性1「学生の頃、マラソン大会で、一緒にゴールしようねって言いながら、最後スピード上げて、1人でゴールしちゃう奴いたよね？」
男性2「いた～いた～（笑）」

【例3】
母親1「子供って、とんがりコーン食べる時、とりあえず指にはめるよね？」

母親２「した〜した〜（笑）」

【例４】

男性１「小学校の帰り、なぜか丸い綺麗な石を集めてたよな（笑）」
男性２「あったあった、謎だったわ〜（笑）」

【例５】

青年１「小学生の頃、救急車の音が聞こえてきたら、『ほらお前を迎えに来たぞ』って言う奴絶対いたよな」
青年２「いた！（笑）」

（4）「共感の笑い」で、できるだけ大きな笑いを取るには？

共感度を上げる

先ほど、次のように書きました。

相手との心の距離が少し縮まる　↓　微笑
相手との心の距離が一気に大きく縮まる　↓　爆笑

相手との心の距離を一気に大きく縮めるには、共感度を上げることが重要です。共感する度合いが高ければ高いほど、笑いは大きくなりやすいです。

相手に共感してもらえそうな内容を言ったとします。

それに対して、相手が「まぁ〜、なんとなくわかる」と思った場合と、「わかる！　わかる！　すっっっごいわかる〜〜！」と思った場合とでは、後者の方が共感の度合いが大きく、相手との心の距離が縮まりますよね。

共感度が大きければ大きいほど、

笑顔　↓　小笑　↓　中笑　↓　爆笑　↓　大爆笑

のように、笑いは大きくなっていくのです。

ただ、同じ内容でも、相手によって共感する度合いが違うので、絶対的に誰に対しても共感度が高い内容、低い内容というものは存在しません。

共感する確率が低い内容を選択する

次に、度合いではなく、確率の話をしたいと思います。

相手が共感する確率を上げるには、内容選びが大切です。

多くの人に共感されやすい内容を選べば、対象相手が共感する確率は上がっていきます。

内容によっては、世界の全人口、77億人が共感する内容があるかもしれませんし、最大で、世界でたった10人しか共感できない内容もあるかもしれません。

相手10人を共感させ、笑いを取りたい場合、77億人が共感するであろう内容で挑めば、相手は100％の確率で共感するわけです。

逆に、世界でたった10人しか共感できない内容で挑むと、77億分の10なので、その人が共感する確率はかなり低くなるでしょう。

では、単純に、共感するであろう予想人数が多い内容のものを選んだ方がいいのでしょうか？

いいえ。そうとは言えません。共感するであろう予想人数の多さと、笑いの大きさは、反比例してしまうのです。

もう少しわかりやすく言うと、共感するであろう予想人数が多い内容で相手を笑わせにかかった場合、相手を共感させることができても、小さな笑いしか取れません。

逆に、共感するであろう予想人数が少ない内容で相手を笑わせにかかった場合、もし共感させることに成功したら、笑いは大きくなるということです。

つまり、**共感する人数が多ければ多いほど常識に近づくため笑いにならない**のです。

何故、笑いの大きさと、共感するであろう予想人数は反比例するのでしょうか？

共感させられる側から考えてみましょう。

相手の言動に、あなたが共感したとします。

「みんなもこう思っているだろうな」「周りもたくさん、そう感じているだろうな」と思うような内容（共感するであろう予想人数が多い内容）だと、共感はしても、一気に心の距離が縮まるまではいかないでしょう。

でも、「誰もそんなふうに考えてはいないだろうなと思ったのに、この人は自分と同じ考えだ」「自分以外、そんな人間いないだろうなと思ったのに、この人は同じ種類の人間だ」と思うような内容（共感するであろう予想人数が少ない内容）で共感したならば、一気にその人への仲間意識が生まれるでしょう。

ということで、「共感の笑い」では、大勢が共感できる内容より、**一部の人しか共感できない内容の方が、大きな笑いが取れる**のです。

◆大きな笑いにならない「共感の笑い」

【例】

女性1「彼氏と上手くいってない時は連絡してきて、上手くいってる時は全く連絡してこない女の子って結構多いよね～」

女性2「そうだね～（微笑）」

比較的共感しやすい例だと思います。実際にこういう会話を聞いたことのある人も多いでしょう。ただ、共感するであろう人が多い内容なので、大きな笑いにはなりにくい、もしくは笑いにならないでしょう。

◆大きな笑いになる「共感の笑い」（一部の人しか共感できない内容）

【例】

女性1「彼氏のつむじの匂いを嗅ぐと、なんだか落ち着くんだよね～」

女性２「だよね。わかる～（大爆笑）」

　もし共感させることができれば、共感した相手からは、大きな笑いを取れるでしょう。何故か？　自分と同じことを思っていた人に今まで出会ったことがなかったので、一気に仲間意識が生まれたからです。

　ただ、笑いを取れるのは、あくまでこの内容に共感した人に限ってです。なので、確率的にはその人数は少ないでしょう。

　繰り返しますが、共感するであろう予想人数の多さと、笑いの大きさは、反比例するのです。

【例】「悲しいとき」いつもここから（引用）

・「押して開くドアなのに、引いて開けようと、必死になってる人を見た時、悲しくなるよね?」

・「カラオケで自分が歌う時にやたらトイレに行かれた時悲しくなるよね?」

・「CMの後はまだまだ続くよって言われて待ってて、いざ始まってみたら1分で放送が終わった時、悲しくなるよね?」

・「蛭子さんの絵を見るたび悲しくなるよね?」

低　い←共感する確率→高　い

大きい←——笑い——→小さい

共感する確率を高くしつつ、大きな笑いを取る方法

では、共感する確率を高くしつつ、大きな笑いを取る方法はないものでしょうか？

実はあります。

それは、**相手の趣味・職業・地元といった、限定されたものに合わせた内容を利用するのです。**

趣味・職業・地元などの内容は、世界中の77億人のごく一部の人しか共感できない内容です。しかし、相手に合わせているので、共感する確率はそれほど低くありません。

こういう内容を考えることで、大きな笑いを取ることが可能です。

【例】相手の趣味が麻雀ということを利用して共感させる
後輩「流局すると、誰も見たくないのに自分の手牌を見せてくる奴が、必ずいません？」
先輩「いるんだよね〜（笑）」

麻雀を知っている人しか共感しない内容なので、世界中の人口比で考えたら、共感する確率は低いでしょう。

ただ、相手の趣味が麻雀であることを知った上で共感させようとしているので、共感する確率は高いのです。

【例】相手の職場がコンビニということを利用して共感させる

バイト1「お客さんが一人もいない隙に店内の清掃を始めようとする時に限って、急にたくさん客が入ってきて混み出してテンパることない？」
バイト2「ある、ある～～（笑）」

コンビニで働いたことがある人しか共感しない内容なので、世界中の人口比で考えたら、共感する確率は低いでしょう。
ただ、相手がコンビニで働いたことがあることを知った上で、この内容で共感させようとしているので、共感する確率は高いのです。

【例】相手が日本に滞在している外国人ということを利用して外国人が外国人を共感させる

外国人１「日本人って『日本には、四季があって綺麗でしょ？』って言ってこない？　心の中でいつも、『自分の国にも四季はあるわ！』って思うよね？」
外国人２「そうだよね～（笑）」

日本にいる外国人しか共感しない内容なので、世界中の人口比で考えたら、共感する確率は低いでしょう。

ただ、相手が日本にいる外国人であることを知った上で共感させようとしているので、共感する確率は高いのです。


ここまで説明してきたように、共感する確率を下げずに大きな笑いを取るには、相手の趣味・職業・地元など、相手に合わせた内容を利用することが肝心です。

この方法の弱点は、初対面の人を相手にする時や、相手のことをよく知らない場合は、使いにくいということです。

その場合、相手に対する事前調査をしたり、会話の中で相手の特性を探っていったりする必要があります。

（5）「共感の笑い」を取る時の注意点

共感させても笑いが起きないことがある

大きな「共感の笑い」を取りたい場合、共感するであろう人数が多い内容を選ぶより、少ない人数だけが共感する内容を選ぶ方が、笑いは大きくなりやすい（笑いを取りやすい）と述べました。

ただ、大勢の人がいる場で、誰か1人（もしくは一部）の相手から「共感の笑い」を取ろうとする時、ばっちり共感させても、大きな笑いが取れないことがあるのです。

仮にその場に100人いたとして、その中の1人だけを「共感の笑い」で笑わせたいとします。その1人だけが共感できる言動をして、実際にその人はその内容に大いに共感したとしましょう。それでもその人からは大きな笑いが起きない。

何故なのでしょうか？

例えば、居酒屋での会社の忘年会に社員１００人が集まっていて、その１００人の前であなたが挨拶をすることになりました。あなたは、この場を利用して、ある１人を、「共感の笑い」で大爆笑させたいと思ったとします。その１人とは自分の友人（澤田君）です。

【例】

あなた「あっという間に１年が終わってしまいました。本当にビックリです。ビックリといえば、もう一つ。今、お酒を運んでくれたこの店員、僕の母親にそっくりなことです」

澤田君は、あなたの母親を知っていて、本当にそっくりだと思い、とても共感しました。共感度数は１００％です。

でも、澤田君が笑わない可能性は大いにあります。もしくは、軽く笑っても大きくは笑わないでしょう。

理由は、簡単です。

恥ずかしいからです。

自分だけが共感していることが、共感していない他の99人に対して恥ずかしいのです。

「1人だけ笑っていいのか？　恥ずかしい」

「笑ったら注目されてしまう」

「自分中心の話題になるのが、周りに申し訳ない」

このような理由から笑いを押し殺すのです。

ですので、大勢の人がいる場で、誰か1人（もしくは一部）の相手から「共感の笑い」を大きく取りたい時は、笑う人が恥ずかしくないように、その場にいる人たち全員を共感させる内容、もしくは、過半数以上を共感させる内容を選んだ方が良いでしょう。

しかし、ここであなたはこのように思うかもしれません。

「全員を共感させる？　そんな内容だと、『共感の笑い』は小さくなるのでは？　もしくは笑いが起きないのでは?」

そんなことはありません。「共感する確率を高くしつつ、大きな笑いを取る方法」で述べたことを思い出してください。相手の趣味・職業・地元といった、限定されたものに合わせた内容の共感を利用すれば、ほぼ全員を共感させられるでしょう。

ですので、**大勢の場合は、その集まりの共通項を探り、それに当てはまる共感する内容を使う**のが得策となります。

笑いを押し殺すケース

こうした状況以外にも、共感させても笑いが起きない場合があります。それは、本当は共感していても、「失礼」「かわいそう」「性格の悪い人に見られたくない」などの気持ちが生まれ、笑いを押し殺すケースです。

先ほどの例を使って説明しましょう。

【例】

ＯＬ１「最近うちの部署に移動してきた上司いるじゃん？」
ＯＬ２「あ～青木さん？」
ＯＬ１「そう。青木さんの喋り方、なんか、ネチョネチョしてて、キモくない？」
ＯＬ２「わかる～（笑）」

ＯＬ２がＯＬ１に共感した場合、ＯＬ２は、本来なら笑うはずです。しかし、ＯＬ２の性格によっては、笑いを押し殺してしまいます。「上司に申し訳ない」「上司がかわいそう」「誰かに聞かれたら困る」「嫌な人に思われたくない」といった理由からです。

他に笑いにならないパターンとしては、相手が、**同じ内容をすでに他の人から聞いている場合**があります。そうすると、薄い笑いしか起きないか、そもそも笑いが起こりません。
相手が、「昨日、別の人も同じことを言って私のことを共感させてくれた」と思ってしまったら、心の距離が縮まることはありません。

【例】
母親1「子供ってとんがりコーン食べる時、とりあえず指にはめるよね？」
母親2「（あ〜昨日、別の奥さんも言ってたな）確かにそうよね」

これでは笑いにならないでしょう。

（6）まとめ

「共感の笑い」はリスクが低い

最初に述べましたが、「共感の笑い」は、笑いのベースとなるものです。
この「共感の笑い」を基本としながら、そこに、この後紹介していく別の笑いの技術が重なり、笑いの幅が広がっていくのです。

「共感の笑い」のメリットは、**リスクが低い**ことです。

相手を笑わせたいと思って「共感の笑い」を使って、もし笑いにならなくても、**スベった空気にはほとんどなりません**。

何故なら、「共感の笑い」に挑んだ瞬間、あなた自身から仲間意識が出てくるからです。仲間になりたい（仲良くしたい）という空気が出ている人のことを、一気に嫌う人はいないでしょう。ぜひ、「共感の笑い」を使って、たくさんの人を笑わせてみてください。

第２章　自虐の笑い　難易度★

あなたの言動で、笑わせたい相手に優越感をもたせて笑いを生む技術

（１）「自虐の笑い」では、相手をどういう感情にさせることによって、どういう理屈で笑いを取れるのだろうか？

自らの言動で、人に「お前ってかわいそうだな」「お前バカだな」「アイツじゃなくて良かった」「自分の方がマシかも」などと思わせることができたら、あなたは、相手に優越感をもたせたと言えるでしょう。

相手に優越感を与えた瞬間、相手は気持ち良くなります。その内容によって、少しだけ気持ち良くなることもあれば、一気に気持ち良くなることもあります。

そして、**相手に優越感をもたせることができれば、基本的に笑いは取れます。**この笑いのことを、本書では「自虐の笑い」と呼びます。

相手の気持ち良さと笑いとの関係は次のようになります。

相手が少し気持ち良くなる　↓　微笑

相手が一気に大きく気持ち良くなる　↓　爆笑

このような感じで変わっていくと思っていいでしょう。

〝不幸の告白〟

人間は、他人と比較して自分が優位に立つと、自然と笑いやすくなります。

何故か？

それは、優位に立つと……幸せだからです。だから、人間は優位に立つと自然と笑いやすくなるのです。

これを利用しましょう。

笑いを起こすために相手を優位にさせ気持ち良くさせる。

そのためには、自分のマイナス要素を晒《さら》し、自分を下に見せることが必要です。

どうしたら自分を下に見せられるのか？

それは〝不幸の告白〟です。

自分の不幸（容姿、欠点、悲しい出来事、恥ずかしい出来事、など）を自ら相手に告白するのです。

良くない出来事が起きた人に対して、「（笑いが取れて）オイシイじゃん」などと言う場面がよくありますが、これは「『自虐の笑い』を取れるチャンスだからラッキーだね」という意味で使われています。

自分の言動で相手に優越感を与えていきましょう。すると、自然に笑いが生まれてくるはずです。

（2）「自虐の笑い」は、どういう相手や場に適しているのだろうか？

「自虐の笑い」も「共感の笑い」同様、自然に使われているものであり、どういった相手や場面でも、比較的使い勝手が良いと言えます。

自分から、相手に知られたくない部分を晒すため、相手の警戒心も薄れ、初対面の人や仲良くなりたい先輩、後輩、異性など、基本的にどういった相手にも有効です。

「共感の笑い」同様、手の出しやすい笑いです。笑いの理屈や構造を知らずとも、人は、「自虐の笑い」を使って生きているのです。

（3）「自虐の笑い」を取る方法

【例1】 男性1の悲しい感情の自虐（男性2人が喫茶店で話し始めた状況）

男性1「は〜コーヒー美味《おい》しい」

男性2「（男性1の服装を見て）あれ？　お前、そんな服持ってたっけ？」

男性1「最近買った」
男性2「いいじゃん」
男性1「でしょ！　でも、この服着て、この前外歩いてたら、全く同じ服着た人がダンボール集めて家作ってた」
男性2「(笑)」

【例2】男性1の貧乏の自虐（男性2人で飲んだ後の会計時）
男性1「1人2300円か」
男性2「あ、俺大きいのしかないからとりあえず出しちゃうわ」（1万円を出す）
男性1「え、ちょっと待って」
男性2「どうした？」
男性1「1万円札って、実在するのか」
男性2「初めて見たの？（笑）」

【例3】女性1の老けている自虐（女性2人が喫茶店で話している状況）

女性1「は～コーヒー美味しい」

女性2「美味しいね～」

女性1「最近、老けたね～ってよく言われるんだよね」

女性2「そんなことないでしょ。まだ35歳でしょ」

女性1「この前、近所の子に、おじさんって言われてさぁ」

女性2「性別すら違うじゃん（笑）」

【例4】男性1のハゲている自虐（男性1の新居に男性2が遊びに来た状況）

男性1「どうぞ、入って～～」

男性2「お邪魔しまーす。……あんまりこの部屋、日が入って来ないんだね。昼間なのに、ちょっと暗いもんな」

男性1「（ハゲアタマをタオルで擦《こす》って）これで、明るくなるはずだから」

男性2「ならないだろ（笑）」

【例5】女性1の太っている自虐（女性3人でお昼ご飯を食べ終わった状況）
女性1「ごちそうさまでした〜〜」
女性2「ごちそうさま〜。はぁ、お腹いっぱい」
女性3「本当お腹いっぱい。この後、どこ行く？」
女性1「焼肉行こう」
女性2「まだ食べる気かよ（笑）」
女性3「（笑）」

（4）「自虐の笑い」で、できるだけ大きな笑いを取るには？

〝自虐の不幸度〟を上げる

先ほど、次のように書きました。

相手が少し気持ち良くなる　↓　微笑
相手が一気に大きく気持ち良くなる　↓　爆笑

相手を気持ち良くさせ、優越感を高めるには、〝自虐の不幸度〟を上げることです。不幸の度合いが高ければ高いほど、笑いは大きくなりやすいのです。

相手に優越感を与えるような自虐的な内容を言ったとします。それに対して相手が「まぁ、お前にとっては悲しいことかもね」と思った場合と、「お前は、なんてかわいそうなんだ、そんな奴他にいないよ！」と思った場合では、後者の方が優越感の度合いは大きく、相手が気持ち良くなりますよね？

優越度が大きければ大きいほど、

笑顔　↓　小笑　↓　中笑　↓　爆笑　↓　大爆笑

のように、笑いは大きくなっていくのです。

では、どうすれば〝自虐の不幸度〟を上げられるでしょうか？　それには、次のような方法があります。

1　前置きを作る（いつ、どこで、誰に、どんな状況で、など）

2　違う種類の笑いを足す（「共感の笑い」「発想の笑い」〈第7章で後述〉など）

3　出来事を大きくしていく

順番に説明していきましょう。

1　前置きを作る

まず、自虐を言う時に前置きを作る方法です。

例えば、「犬の糞を踏んだ」という自虐があったとします。これに前置きを入れて、「新品の靴を履いてたら犬の糞を踏んだ」と言う方が、不幸度が高く感じませんか？　その方が笑いが大きくなるはずです。

また、「こないだの合コン、俺だけモテなかった」という自虐があったとします。これが、「こないだの合コン、俺が全額おごったのに、俺だけモテなかった」だったらどうでしょう？

後者の方が不幸度が上がり、笑いが起こりやすいでしょう。

前置きの作り方（いつ、どこで、誰に、どんな状況で、など）

◆いつ

【例１】
「警察に職質されました」→「拾った財布を届けようとしたら警察に職質されました」

【例２】
「バイト先をクビになりました」→「誕生日にバイト先をクビになりました」

【例３】
「クサイって言われた」→「風呂上がりにクサイって言われた」

【例４】
「先生に怒られました」→「卒業式の日に先生に怒られました」

◆どこで

【例】

「風邪をうつされました」↓「病院で風邪をうつされました」

◆誰に

【例1】

「カツアゲされました」↓「年下の女の子にカツアゲされました」

【例2】

「SNSで叩かれた」↓「90代のおばあちゃんにSNSで叩かれた」

◆どんな状況で

【例1】

「ニヤニヤするなって怒られました」↓「せめて笑ってようと決めた日に、ニヤニヤするなって怒られました」

【例２】

「お腹壊しました」↓「おかゆでお腹壊しました」

このように、前置きを作ることによって、不幸度が増して、笑いやすくなるのです。

２　違う種類の笑いを足す

次に、違う種類の笑いを混ぜる方法を紹介します。

◆「自虐の笑い」＋「共感の笑い」

【例1】男性1が太っている自虐（草野球に参加するため、男性3人で球場に向かって歩きながら会話している状況）

男性1「野球、楽しみだな〜」
男性2「本当だな」
男性3「え〜と、ポジションどうする？」
男性2「俺はピッチャーやりたい」
男性3「ちょっと待って。俺もピッチャーやりたい」
男性1「俺はキャッチャーだと思う」
男性2「だな（笑）」
男性3「（笑）」

男性1は、自分が太っていることを自虐しつつ、キャッチャーは太っている人がやることの多いポジションという共感を重ねて笑いにしています。

【例２】中年1がソワソワしている気持ちを自虐（中年２人が駅で待ち合わせして、遊びに出かける状況）

中年１（ソワソワしながら歩いている）
中年２「お前、なんかソワソワしてないか」
中年１「バレたか」
中年２「どうした？」
中年１「俺、財布に５０００円以上入っていると落ち着かないんだ」
中年２「わかる（笑）」

例えば中学生の時、大金をもっと感じたドキドキ（共感）に、いい大人が所持金５０００円程度で不安になるという気持ち（自虐）を重ねて笑いにしています。

3　出来事を大きくしていく

【例】

つまずく　↓　転ぶ　↓　転倒する　↓　怪我する　↓　事故る

このように、不幸の内容を激しくしていく方法です。実際には〝つまずいた〟だけなのに、〝転倒した〟と大げさな言動を取ったほうが、不幸度が上がり、相手に優越感を与えることができるでしょう。

しかし、次に説明するような注意は必要です。

(5)「自虐の笑い」を取る時の注意点

相手の許容範囲を見極める

先ほど、自虐の不幸度を上げれば上げるほど相手の優越感が高まり、笑いが大きくなると説明しました。

ただ、不幸の内容を激しくし、出来事を大きくしていけば、相手の優越感は高まりますが、あるラインを超えると、優越感を通り越して「かわいそうすぎる」「もうその話聞きたくないな……」といった哀れみの感情や悲しみの感情が生まれてしまいます。そうなると、相手は引いてしまい、笑いは起きません。

このラインとはなんでしょうか？

それは、自虐に対する相手の許容範囲です。

◆許容範囲内

【例】男性1の失敗談の自虐（男性1の結婚式の2か月後、男性1が友人の男性2と喫茶店で話している）

男性１「は〜コーヒー美味しい」

男性２「結婚式どうだったの？　俺行けなかったから」

男性1「それがさ、めっちゃ恥ずかしかったよ」
男性2「どうしたの？」
男性1「最初バージンロードを1人で歩いて入る時、緊張して転んで、一回転しちゃったんだよ」
男性2「マジで（笑）」

◆許容範囲外

【例】
男性1「は～コーヒー美味しい」
男性2「結婚式どうだったの？　俺行けなかったから」
男性1「それがさ、めっちゃ恥ずかしかったよ」
男性2「どうしたの？」
男性1「最初バージンロードを1人で歩いて入る時、緊張して転んで、頭打って血だらけになって5針縫った」

男性２「え……そうなの」

このように、許容範囲を超えると、相手は引いてしまいます。ですので、「自虐の笑い」をできるだけ大きく取るには、この許容範囲を超えずに、なるべく不幸度を上げる必要があります。

不幸度が高くなるにつれ、

笑顔 → 小笑 → 中笑 → 爆笑 → 大爆笑 → ＊（笑いにならない壁）→
引く（哀れみ、悲しみ）

となります。つまり、大爆笑と、相手が引いてしまうギリギリのラインである＊が、一番大きな自虐の笑いとなるはずです。

いくつもの要素から許容範囲を予想する

では、どうすれば相手の許容範囲を知ることができるのでしょうか？　結論から言うと、残念ながら明確な答えはありません。

ですから、相手の性別や年齢、職業、場面などを加味して、相手の許容範囲を予想するしかないのです。

具体例で、考えてみましょう。

◆男性1（17歳）と男性2（17歳）の友人同士

【例】男性1が恥ずかしい出来事の自虐（男性2人が、喫茶店で話している状況）

男性1「は～コーヒー美味しい」
男性2「美味しいね～」
男性1「この間、めっちゃ恥ずかしかった」
男性2「どうしたの？」

男性1「家のベッドの下に、エロDVD隠しているんだけど、学校から帰ったら、母親に全部捨てられてた」
男性2「マジで（笑）」

17歳の友人同士であれば、笑いになるでしょう。

◆男性（17歳）と女性（17歳）のあまり喋ったことがないクラスメイト

【例】男性が恥ずかしい出来事の自虐（男性と女性が、放課後に2人で話している状況）
男性「は～やっと帰れる～」
女性「お疲れ様～」
男性「この間、めっちゃ恥ずかしかった」
女性「どうしたの?」
男性「家のベッドの下に、エロDVD隠しているんだけど、学校から帰ったら、母親に全部捨てられてた」

女性「………」

同じ年齢でも、男女で、しかもあまり喋ったことのない関係だと女性の許容範囲を超えて笑いにならないでしょう。

◆男性（52歳）と女性（52歳）の20年以上の飲み仲間

【例】男性が恥ずかしい出来事の自虐（男性と女性が、居酒屋で飲みながら2人で話している状況）

男性「は～酒はうまいな～」
女性「確かに」
男性「昔、めっちゃ恥ずかしかった」
女性「どうしたの？」
男性「家のベッドの下に、エロＤＶＤ隠していたんだけど、学校から帰ったら、母親に全部捨てられてた」

女性「(笑)」

同じ男女でも、52歳同士で20年以上の飲み仲間なら、これくらいの内容であれば女性は引かずに笑いになるでしょう。

このように「自虐の笑い」は、相手の許容範囲を慎重に予想することが求められます。

(6) まとめ

「自虐の笑い」は、「共感の笑い」同様、一般的に多く使われている手法です。

「自虐の笑い」は、「共感の笑い」を利用したり、別の種類の笑いと組み合わせたりすることで、より大きな笑いを起こすことができます。

「自虐の笑い」のメリットは、**「共感の笑い」同様、リスクが低い**ことです。もし笑いにならなくても、自分を下にしているので、相手を傷つけることは基本的にないからです。

ただ、あなたのプライドが高い場合、自分を下に見せる言動は取りにくいかもしれません。ここは笑いのためと割り切って、プライドを捨て、自分の不幸を告白してみましょう。

もし〝スベった空気〟が出てしまっても、その〝スベった不幸〟を自虐に変えられれば、きっと笑いが生まれるはずです。

第３章　裏切りの笑い　難易度★★★

あなた（第１者）の言動で、人（第２者）の予想を裏切り、その様子を笑わせたい相手（第３者）に見せることで、優越感をもたせて笑いを生む技術

（１）「裏切りの笑い」では、相手をどういう感情にさせることによって、どういう理屈で笑いを取れるのだろうか？

「裏切り」とは何か？

そもそも、この「裏切りの笑い」の「裏切り」とは何でしょうか？

ここで言う「裏切り」とは、人の予想・想像を「裏切る」という意味の「裏切り」です。

「裏切りの笑い」は、あなたと笑わせたい相手の2者だけでは成り立ちません。

あなた（第1者）
裏切られる人（第2者）
笑わせたい相手（第3者）

の3者が必要になります。
あなた（第1者）が、人（第2者）を裏切ることで、笑いは生まれるのです。
どうしてか？

まずは、予想・想像を裏切られた人（第2者）の感情がどうなるかを考えてみましょう。
答えは簡単です。驚きます。怒ることもあります。悲しくなることもあります。嬉しくなることもあります。困ることもあります。予想・想像を裏切られた瞬間、人は感情が大きく揺さぶられるのです。

さらに、その人（第2者）を見ている第3者がいたとします。では、その第3者の感情は、どうなるでしょう？

あなた（第1者）に感情を大きく揺さぶられた人（第2者）を側《そば》から見た人（第3者）は、「お前（第2者）って、かわいそうだな」「お前（第2者）バカだな」「アイツ（第2者）じゃなくて良かった」「自分の方がマシかも」と思うでしょう。

この第3者の感情は、そうです、**「自虐の笑い」でも、出てきた優越感**です。

優越感を与えると、相手から笑いを取ることができるのは、「自虐の笑い」で述べた通りです。

そして、この笑いのことを、本書では「裏切りの笑い」と呼びます。

要は、笑わせたい相手に対し、**自分を下に見せて、優越感を与える方法を「自虐の笑い」**といい、**他人を利用して相手に優越感を与える方法を「裏切りの笑い」**というのです。

「自虐の笑い」は直接的、「裏切りの笑い」は間接的という違いです。

もう少し、この仕組みをわかりやすく説明しましょう。

A：裏切る人
B：裏切られる人
C：AとBを見ている人

AによってBが裏切られた様子を見て、Cが優越感を覚えて笑う、という図式です。

〝ドッキリ〟

「裏切りの笑い」の典型例として、〝ドッキリ〟があります。あなたは、テレビのドッキリ番組で笑ったことはありませんか？　その時あなたは、ドッキリをかけた人ではなく、「ドッキリをかけられた人」を見て笑っていたはずです。

先ほどの説明に当てはめると、

A：仕掛人

B：騙《だま》される人
C：視聴者

AにBが騙された様子を見てC（視聴者）が笑う、という図式です。

A：落とし穴を仕掛ける
B：Aを信じて歩く
A：裏切ってBを落とし穴に落とす
B：驚く（のちに怒りや恥ずかしさなどのリアクションが生まれる）
C：それを見て「バカだなぁ～（笑）」「自分じゃなくて良かった～（笑）」などと、優越感を覚えて笑う

漫才

ドッキリの他に芸人さんの漫才なども、「裏切りの笑い」が使われることが多いです。

A：ボケ（予想・想像させて裏切る）

B：ツッコミ（予想・想像を裏切られてリアクションする〈驚き・怒り・悲しみなど〉）

C：観客（笑う）

では、漫才の具体例を見てみましょう。

【例】

A「どうも〜」

B「どうも〜」

A「僕、もっとお客さんとの距離を縮めたいな〜と思っているんですよ」

Ｂ「良いことですね。でも、どうやって？」
Ａ「お客さんと距離を縮めるために、今日は電話番号を皆さんに発表したいと思います！」
Ｂ「大丈夫？　そんなことしたらイタズラ電話とかいっぱい来ちゃうんじゃない？」
（Ａは、Ｂに自分の電話番号を言うと予想させる）
Ａ「僕はお客さんを信じてるから」
Ｂ「さすが相方ですわ」
Ａ「電話番号は、０９０‐○○○○‐△△△△」
（予想を裏切ってＢの電話番号を発表する）
Ｂ「それ俺の番号じゃねーかよ！（予想を裏切られて驚く・慌てる・怒る）」
Ｃ「（笑）」（それを見て笑う）

（２）「裏切りの笑い」は、どういう相手や場に適しているのだろうか？

「裏切りの笑い」は、「裏切る人」「裏切られる人」「優越感を覚える人」の３者が必要なので、**マンツーマンの場には基本的には適していません。**

笑わせる相手は、「裏切られる人」を見て笑うので、初対面や、まだ人間関係ができあがっていない状態では、リスクが大きいと言えるでしょう。

なぜなら、裏切られた人に対して、「笑ったら申し訳ない」「あの人、本当に怒ってるんじゃないか」「かわいそう」などの気持ちが優越感よりも強く出てしまうため、笑いが押し殺される可能性が高いからです。

ですので、3人以上で、人間関係ができあがっている人たちに、「裏切りの笑い」は適していると言えるでしょう。

（3）「裏切りの笑い」を取る方法

【例1】女子高生3人がファミレスでくっちゃべっている状況

女子高生1「は～だり～」

女子高生2「やば、スマホの充電全然ない。充電器もってる人？」

女子高生３「私もってない……」
女子高生１「私あったかも（カバンを探す）。あ、あった！」
女子高生２「うわ〜良かった〜助かる〜」
女子高生１「（カバンからチロルチョコを出す）お腹すいちゃってさぁ（食べる）」
女子高生２「充電器があったんじゃないの⁉」
女子高生３「（笑）」

【例２】男子大学生３人が、駅に向かって話しながら歩いている状況
大学生１「今日は合コン楽しむぞ〜」
大学生２「今日の合コンする店、１人いくら？」
大学生３「俺は知らない。お前が、店探したんだろ？」
大学生１「ああ。まぁまぁ安い店探せたよ」
大学生２「さすが！」
大学生３「で、いくら？」

大学生1「1人2500ルピア」
大学生2「どこの通貨!?」
大学生3「(笑)」

【例3】30代の男性3人が、ファミレスでくっちゃべっている状況
男性1「明日、バイトかぁ」
男性2「え、お前ってバイトしてたの?」
男性1「してるよ。でも、そんなに入ってない」
男性2「どのくらい入ってるの?」
男性1「週4」
男性2「週4日?」
男性1「いいや、週4時間」
男性2「すくな!」
男性3「(笑)」

【例４】ペットショップで、子犬を抱いている男性店員に男性２人が話しかけている状況

男性１　「可愛いですね～」
男性店員「(抱いている子犬を見ながら) そうなんですよね～」
男性２　「なんていう種類なんですか?」
男性店員「チワワです」
男性１　「本当可愛いよな～」
男性店員「(抱いている子犬に向かって) 良かったな～可愛いって」
男性１　「いや、犬じゃなくて店員さん」
男性店員「え、僕!?」
男性２　「(笑)」

【例5】会社帰りの先輩1人と後輩2人の3人が、駅に向かって話しながら歩いている状況

先　輩「和美ちゃんは今日この後、何するの?」
女後輩「私は、エステに行きます」
先　輩「女の子らしいね。お前は?」
男後輩「僕は、飲みに行きます。先輩は?」
先　輩「俺は、この後、家に帰って、これだから（パソコンのキーボードを打ち込むようなジェスチャーをする）」
男後輩「へ～～偉いな、仕事ですか?」
先　輩「いや、ピアノ教室」
男後輩「習ってんすか⁉」
女後輩「(笑)」

【例6】OL3人が会社に居残り商品開発をしていて、ようやく完成させた時

OL1「やっとできたわ」

ＯＬ２「やりましたね」
ＯＬ３「お客さんが喜んでいる顔が目に浮かびますね」
ＯＬ１「知ってる？　世の中には、２種類の人間がいるの」
ＯＬ２「え？」
ＯＬ１「商品を作る人間と、商品を買う人間と、商品を運ぶ人間」
ＯＬ２「３種類いましたけど」
ＯＬ３「(笑)」

相手の予想・想像を明確にする

この笑いは、笑わせる相手の「予想・想像」を裏切ることが必要です。ですので、まずしっかり「予想・想像」を立ててもらわないといけません。それがしっかり立っていればいるほど、裏切り度合いも大きくなります。

例えば、家に来た友達１・２に、家主が「オレンジジュースかウーロン茶、どっちがいい?」と聞いたとします。

【例】
家　主「オレンジジュースかウーロン茶、どっちがいい?」
友達1「じゃあ、俺はオレンジジュースがいい!」
家　主「ごめん。うちオレンジジュースは置いてない」
友達1「じゃあ、なんで聞いたんだよ!!」
友達2「(笑)」

友達1はリアクションし、その様子を見て友達2は笑うでしょう。
しかし、家主が「オレンジジュースかウーロン茶、どっちがいい?」ではなく、「飲み物、何がいい?　なんでもあるから」と言った場合はどうでしょう?

【例】

家　主「飲み物、何がいい？　なんでもあるから」
友達１「じゃあ、俺はオレンジジュースがいい！」
家　主「ごめん。うちオレンジジュースは置いてない」
友達１「え、あ、そうか。じゃあ、リンゴジュースある？」
友達２「………」

そもそもオレンジジュースが確実にあるとは予想していないので、裏切りきれていませんの。

友達１は、「なんでもあると言ったけど、普通の家に全ての飲み物があるとは思えない」と予想していたはずです。

このように、同じ裏切りの言葉（「ごめん。うちオレンジジュースは置いてない」）でも、相手が確実に予想できていないと笑いにはなりません。

「オレンジジュースとウーロン茶、どっちがいい?」という質問をすることで、相手にオレンジジュースが確実にあると予想を立てさせることが重要です。

ただ、「飲み物、何がいい? なんでもあるから」という質問でも、次のように展開すれば笑いになります。

【例】

家　主「飲み物、何がいい? なんでもあるから」
友達1「じゃあ、俺はオレンジジュースがいい!」
家　主「ごめん。うちオレンジジュースは置いてない」
友達1「え、あ、そうか。じゃあ、リンゴジュースある?」
家　主「置いてない」
友達1「じゃあ、ぶどうジュース」
家　主「置いてない」

友達１「じゃあ、お茶」
家　主「置いてない」
友達１「なんもねぇじゃゃん！」
友達２「(笑)」

友達１の「これだけ聞いたら、何かはあるだろう」という予想をしっかり裏切っている
ので、笑いになるでしょう。
このように明確に予想・想像させることが大切なのです。

マンツーマンで「裏切りの笑い」を取る方法

これまでの「裏切りの笑い」は、

Ａ：裏切る人

B：裏切られる人
C：AとBを見ている人

の三者が必要だと説明してきました。

ただ、マンツーマンでも「裏切りの笑い」を取る方法が2つあります。

一つは、**笑わせたい相手と共通の知り合い（または出来事）を利用する方法**です。

【例】
OL1「こないださ、加奈子をドッキリに引っ掛けたの（笑）」
OL2「マジ～?」
OL1「チョコレートあげるって言って、ゴキブリのオモチャわたしたの」
OL2「え、そしたら?」
OL1「加奈子、見た瞬間『ヒョゲー』って、目をひんむいてて（笑）」
OL2「加奈子うける～（笑）」

「裏切られる人」が共通の知り合いであれば、実際、その場にいなくても、その人（加奈子）のリアクションを想像して、「裏切りの笑い」を取ることができます。

もう一つは「**安心の笑い**」（**後述**）**を使ったバージョン**です。これについては第4章で説明しましょう。

（4）「裏切りの笑い」で、できるだけ大きな笑いを取るには？

「裏切られ度」を上げる

「自虐の笑い」同様、相手（第3者）の優越感を高めれば高めるほど、笑いは大きくなっていきます。

相手が少し気持ち良くなる　↓　微笑

相手が一気に大きく気持ち良くなる　↓　爆笑

相手を気持ち良くさせ優越感を高めるには、裏切られる人の「裏切られ度」を上げることです。

「裏切りの笑い」は、あくまで「裏切られた人を見て笑う」ので、「裏切り度」というより、「裏切られ度」という方が正確でしょう。

では、「裏切られ度」とは何か？　**裏切られる人の感情の揺れ度合い**です。

大きく感情が揺れる裏切りもあれば、そこまで感情が揺れない裏切りもあります。

裏切られる内容によって、感情の揺れに差が出るのです。その揺れ度合いを上げれば上げるほど、笑いは大きくなっていきます。

あなた（A）が、Bの予想を裏切ったとして、笑わせたい相手Cが「Bはびっくりしてるな」と軽く思った場合と、「Bのヤツ、めちゃくちゃびっくりしてるじゃん！　本当バカだな！」と激しく思った場合、後者の方が優越感の度合いが大きく、Cは気持ち良くなりますよね？

では、どうすれば裏切られ度を上げられるのでしょうか？　それには次のような方法があります。

1　前置きを作る（裏切る相手の感情を動かしておく）

2　違う種類の笑いを足す（「自虐の笑い」など）

順番に説明していきましょう。

1　前置きを作る

裏切られる人の感情を、裏切られる前と後で差を付けるために、裏切られた後の感情と距離のある感情を、裏切られる前に与えておくのです。

◆前置きなし

【例】家に来た友達1・2に、家主が飲み物を出す場面

家　主「オレンジジュースかウーロン茶　どっちがいい？」

友達1「じゃあ、俺はオレンジジュースがいい！」

家　主「ごめん。うちオレンジジュースは置いてない」

友達1「じゃあ、なんで聞いたんだよ‼」

友達2「(笑)」

この例に前置きを入れてみます。

◆前置きあり

【例】家に来た友達1・2に、家主が飲み物を出す場面

家　主「オレンジジュースかウーロン茶、どっちがいい？」

友達1「じゃあ、俺はオレンジジュースがいい！」
家　主「やっぱ、お前は、そう言うと思った」
友達1「え？　俺の好きな飲み物わかってくれてたんだ」
家　主「もちろん」
友達1「ありがとう」
家　主「ごめん。うちオレンジジュースは置いてない」
友達1「じゃあ、なんで聞いたんだよ!!」
友達2「(笑)」

このように、

家　主「やっぱ、お前は、そう言うと思った」

という言葉を、裏切る前に入れることで、「どっちを選ぶかわかってくれていたんだ」

という、家主に対する友達1の「喜び」が少し入ります。そこに念押しで、

家　主「もちろん」

と入れることで、「喜び」から「感謝」にまで気持ちが動きます。
その結果、裏切られた後の友達1の感情、

友達1「じゃあ、なんで聞いたんだよ‼」

は、「驚き」から「怒り」という流れの感情のリアクションになります。

「怒り」の感情から遠い「喜び」「感謝」という感情を、前段でもたせておくことで、「怒り」への感情の揺れ度合いがより上がり、結果、裏切られ度は上がるというわけです。
このように、前置きを作ることで、裏切られ度が増して笑いやすくなるのです。

2　違う種類の笑いを足す

次に、違う種類の笑いを混ぜる方法を紹介します。

◆「裏切りの笑い」＋「自虐の笑い」

先ほど出した例を少し変えて、女子高生1が「太っていた」とします。また、カバンから出すのは、チロルチョコではなく、「おむすび」だとします。

【例1】女子高生3人がファミレスでくっちゃべっている状況（女子高生1が太っているという「自虐の笑い」を加える）

女子高生1「は～だり～」
女子高生2「やば、スマホの充電全然ない。充電器もってる人？」
女子高生3「私もってない……」

女子高生1「私あったかも（カバンを探す）。あ、あった!」
女子高生2「うわ～良かった～助かる～」
女子高生1「（カバンからおむすびを出す）お腹すいちゃってさぁ（食べる）」
女子高生2「充電器があったんじゃないの!?」
女子高生3「(笑)」

充電器を出すと思ったらおむすびを出す「裏切りの笑い」と、太っているのでカバンの中におむすびを常備しているという「自虐の笑い」の2つの笑いが入っています。

【例2】女子3人がファミレスで喋ってる状況（女子1が茨城出身という「自虐の笑い」を加える）

女子1「自分の出身県の有名なものを順番に言っていこうよ。言えなくなったら負け」
女子2「いいよ、私、北海道出身なんで」
女子3「私、京都出身」

女子１「私は、茨城」
女子２「じゃあ、私から、夕張メロン」
女子３「金閣寺」
女子１「ギブアップ」
女子２「はや‼」
女子３「(笑)」

自分からゲームを提案したのに、一つも言えずにギブアップするという「裏切りの笑い」と、茨城にはあまり有名なものがないという「自虐の笑い」の２つの笑いが入っています。

このように、他の笑いの技術を足すと、より大きな笑いへと繋《つな》がります。

（5）「裏切りの笑い」を取る時の注意点

裏切られ度を上げれば上げるほど相手の優越感が高まり、笑いが大きくなると説明しました。しかし、「自虐の笑い」同様、あるラインを超えると、優越感を通り越して「かわいそうすぎる」「もう見たくない」といった哀れみや悲しみの感情が生まれてきます。そうなると、相手は引いてしまい、笑いは起きません。

「裏切りの笑い」にも「許容範囲」があり、それを超えると笑いにならないのです。

また、3人の関係性によっては、優越感よりも、心配や恐怖やかわいそうと思う気持ちが勝り、笑いにならないことがあります。

笑わせる人の許容範囲によって笑いが起こる場合と起こらない場合

◆許容範囲内

【例】学校の休み時間にトランプに興じている男子高校生3人

男子１「よし、勝った！　○○は、罰ゲームね」
男子２「マジかよ〜」
男子３「仕方ないよ。罰ゲーム受けな！」
男子１「罰ゲームはデコピン。目を瞑《つむ》って」
男子２（目を瞑る）「………」
男子１（目を瞑っている隙に、男子２の顔に油性ペンで落書きをする）
男子２「やめろよ〜〜」
男子３「（笑）」

人の顔に油性ペンで落書きをするというイタズラが、男子３にとって許容範囲内なら笑うでしょう。

◆**許容範囲外**

【例】学校の休み時間にトランプに興じている男子高校生3人

男子1「よし、勝った！　○○は、罰ゲームね」
男子2「マジかよ～」
男子3「仕方ないよ。罰ゲーム受けな！」
男子1「罰ゲームはデコピン。目を瞑って」
男子2（目を瞑る）「………」
男子1（目を瞑っている隙に、男子2の髪の毛を大量に切り落とす）」
男子2「やめろよ～～」
男子3「………」

人の髪の毛を大量に切り落とすイタズラが、男子3にとって許容範囲外だと笑えないでしょう。優越感よりかわいそうという感情が勝ってしまうからです。

このように、許容範囲を超えると、相手は引いてしまいます。ですので、「裏切りの笑い」をできるだけ大きく取るには、この許容範囲を超えずに、なるべく裏切られ度を上げる必要があります。

裏切られ度が高くなるにつれ、

笑顔　↓　小笑　↓　中笑　↓　爆笑　↓　大爆笑　↓　＊（笑いにならない壁）↓

引く（哀れみ・悲しみ・気まずさ、など）

となります。

「自虐の笑い」同様、大爆笑と、相手が引いてしまうギリギリのラインである＊が、一番大きな「裏切りの笑い」となるでしょう。

3人の関係性によって笑いが起こる場合と起こらない場合

個々人がもつ許容範囲は、その場の相手との関係性によっても変わってきます。

◆男性1と男性2と店主の3人が、10年以上の友人同士という関係性

【例】男性1が男性2と、友人の店主がやっているレストランに行った時

男性1「どう？　繁盛してるの？」
店　主「まぁまぁかな」
男性2「良かったな～」
男性1「今日のオススメって何？」
店　主「今日は新鮮な魚介類が入ったから、シーフードパスタかな！」
男性1「美味しそう！……じゃあシーフードパスタ以外で！」
店　主「以外かよ！」
男性2「(笑)」

◆男性1と男性2は10年以上の友人同士。しかし、店主は他人という関係性

【例】男性1が男性2と、レストランに行った時

男性１「繁盛していますか？」
店　主「まぁまぁですね」
男性２「………」
男性１「今日のオススメってなんですか？」
店　主「今日は新鮮な魚介類が入ったからシーフードパスタとなります」
男性１「美味しそう！……じゃあシーフードパスタ以外で！」
店　主「い……以外ですか？」
男性２「(店主さん嫌な気分になってないかなぁ……)」

　このように、男性2は、店主が裏切られて嫌な気分になっていないか心配してしまい、優越感は生まれません。

信頼感

「裏切りの笑い」は、3人の関係性が確立されている場合にのみ行うのが良いでしょう。リスクが減ります。

裏切った人（第1者）と裏切られた人（第2者）に、信頼関係があれば、その後も人間関係が壊れないだろうし、その2者の信頼関係の強さを笑わせる相手（第3者）が知っていれば、2者の関係性が壊れてしまうという心配もなく、優越感を覚えて笑いになるでしょう。

さらに裏切る人（第1者）と笑わせる相手（第3者）にも信頼関係がないと、第1者に対する嫌悪感が出て、笑いが生まれづらくなってしまいます。

裏切る人と裏切られる人が手を組む

「裏切りの笑い」は、これまでの「共感の笑い」や「自虐の笑い」と異なり、笑わせたい相手に直接投げかけるものではありません。常に「裏切られる人」が必要です。

そのため、「裏切られる側が笑わせようとしていない中で笑いを生む」という難しさがあります。

なかなか初心者には手を出しづらいかもしれません。

ただ、その難しさを回避し、簡単に「裏切りの笑い」を使う方法があります。

それは、裏切る人と裏切られる人が手を組むことです。

要は、裏切られる側が、裏切る内容も踏まえて自分が裏切られることを知っている。そうすれば、笑わせる人が２人、笑わせる相手が１人になります。心強くありませんか？

そして、あたかも裏切られる側は知らなかった体《てい》で裏切られ、リアクションする。それを見せて優越感を与えれば、「裏切りの笑い」を取ることができます。上手く騙し切れれば、だいぶリスクは減るでしょう。

【例】合コンに、友人同士の男性1と男性2が参加。相手の女の子2人を笑わせたい場合（男性1は男性2に、どう裏切るかをあらかじめ伝えておく）

男性1「（大きいため息）は〜」
男性2「じゃあ、お前から自己紹介して」
男性1「いや、俺、頭きてるから後にして！」
男性2「え？　どうした？」
女性1「どうしたんですか？」
女性2「何かあったんですか？」
男性1「頭、きてんだよ」
男性2「頭きてる？　本当は、頭きてないだろ?!」
男性1「ほら（自分のハゲてる頭を指さして）。アタマキテるじゃん」
男性2「いやそっちのこと?!」（裏切られる内容を知っているが、知らない体でリアクション）
女性1「（笑）」

女性2「(笑)」

男性1と男性2が手を組んで女性1・2を笑わせようとした場合、男性2が「裏切られた感」を出しやすく、笑いを取れる可能性は高いです。

裏切られる人が裏切られることを知っていて、「裏切りの笑い」を行う代表的なものは、芸人さんの漫才です。

しかも、漫才を見るお客さんは、裏切られることすら知っています（どのように裏切られるかの内容は知らないですが）。

知られている上で、裏切られる人はリアクションし、お客さんに優越感を与えているのです。プロの技術はすごいものです。

（6）まとめ

「裏切りの笑い」は、基本的に第3者が必要なため、**「共感の笑い」や「自虐の笑い」に比べて難易度は少し高くなります。**

しかも、人の予想・想像を裏切るのですから、頭の回転の速さも必要になります。ただ、「裏切りの笑い」を使いこなせるようになると、笑いを取るのが楽しくなってくるはずです。

いきなり、プロの漫才のような「裏切りの笑い」を生むのは難しいのですが、まずは仲の良い友達の前で実践してみるといいでしょう。

第４章　安心の笑い　難易度★★

緊張を利用し、あなたの言動で笑わせたい相手に安心感を与えて笑いを生む技術

（1）「安心の笑い」では、相手をどういう感情にさせることによって、どういう理屈で、笑いを取れるのだろうか？

自分の言動で、人に「良かった〜」「助かった〜」などと、思わせることができたら、あなたは、相手に安心感を与えられたと言えるでしょう。

そして、安心感を与えることができれば、基本的に笑いが生まれやすくなります。

この笑いのことを本書では「安心の笑い」と呼びます。

緊張と緩和

安心感を与えることでどうして笑いが起こるのか？

それは、安心感が生まれる＝幸せということで、警戒心がなくなるためです。だから、人間は、安心すると自然と笑いやすくなるのです。

みなさんはお化け屋敷から出た時、安心して笑ってしまった経験はありませんか？　ジェットコースターから降りた時、思わず笑顔になったことはないでしょうか？

人は、恐怖や不安という緊張状態から解放されると、自然と笑いやすくなるのです。

これを利用しましょう。

笑いを起こすため、緊張感を漂わせ、そして安心感を与えるのです。

人は**「緊張状態」が「緩和」した瞬間、安心して笑う**のです。

（2）「安心の笑い」は、どういう相手や場に適しているのだろうか？

安心を与えるためには、緊張感が漂ってなくてはいけません。そこに緊張感がなければ、まず緊張感を漂わせるところから始めなくてはなりません。

笑わせる相手との関係性によっては、その緊張感を作ることが難しい場合もあるでしょう。例えば目上の人や初対面の人に対して、緊張感を自分から与えるのは、難しいかもしれません。

場もそうです。

緊張感とは真逆のシチュエーション——例えば、大勢の人がいるパーティ会場で、全体に対して、緊張感を漂わせるのは難しいかもしれません。

「安心の笑い」は、**緊張感を漂わせることが可能な相手や場を選ぶ**のが良いでしょう。

（3）「安心の笑い」を取る方法

緊張感を漂わせる

「安心の笑い」を取るには、先ほども書いたように、まずは緊張感を漂わせなければなりません。

どのようなやり方で、その場に緊張感を漂わせることができるのでしょうか？

それは、相手の心を動かすことです。例えば次のような方法があります。

・相手を怖がらせることで、緊張する瞬間を作る
・相手を心配させることで、緊張する瞬間を作る
・相手をドキドキさせることで、緊張する瞬間を作る

また、元から緊張感が流れている場を利用する方法もあります。例えば、次のような場

所や場面です。

・病院
・お見合い
・発表会

【例１】学校で、先生が生徒に怒っている状況

先生「次、やったらタダじゃおかないからな‼」
生徒「はい、すみませんでした」
先生「次から気をつけるんだぞ」
生徒「はい！」
先生「本当に反省してるのか！」
（先生の頭に蝶々がとまる）
先生「……どう？　可愛い？」

生徒「(笑)」

これは、生徒の「先生に怒られている緊張」が、先生の頭にとまった蝶々によって「緩和」されて起きた笑いです。頭に蝶々がとまった時点で笑いが起きる場合もありますし、先生の一言で笑う可能性もあります。

【例2】夜中、廃校で高校生2人が話している

高校生1「もう夜中の2時か」
高校生2「でも、まだ家に帰りたくねーなー」
高校生1「確かに」
高校生2「だろ」
高校生1「おい、今、なんか聞こえなかった?」
高校生2「え、嘘でしょ」
高校生1「静かにして、聞こえるかも」

高校生2「………」
高校生1「………」
高校生1（オナラをする）「あ、俺のオナラの音だった」
高校生2「ビックリさせんなよ（笑）」

これは、夜中の廃校で、高校生1の「おい、今、なんか聞こえなかった？」という発言で、緊張感を漂わせ、さらに「静かにして、聞こえるかも」で、緊張感を高めています。そこで、オナラをすることで、緊張感が緩和され、笑いが起きています。オナラの時点で笑いが起きる場合もありますし、高校生1の「あ、俺のオナラの音だった」の一言で笑うこともあります。

「安心の笑い」は単独では存在し得ない

ここまでの説明で、何か気づきませんか？

実は、この**「安心の笑い」は、それだけでは存在していない**のです。

「共感の笑い」や「自虐の笑い」「裏切りの笑い」は、別の種類の笑いと交わりつつも、それぞれ個々に存在しているものでした。

しかし、この「安心の笑い」は、**常に「裏切りの笑い」の中に入り込んでいる**ものなのです。「安心の笑い」は、**「裏切りの笑い」＋「安心の笑い」でしか、成り立たない**のです。

先ほどの例を使って説明しましょう。

【例】学校で、先生が生徒に怒っている状況

先生「次、やったらタダじゃおかないからな!!」

生徒「はい、すみませんでした」

先生「次から気をつけるんだぞ」

生徒「はい！」

先生「本当に反省してるのか！」

（先生の頭に蝶々がとまる）

先生の頭に蝶々がとまった状況でも、先生は怒っているので、生徒は、先生が蝶々を手で払いのけるだろうと予想します。
それを先生が裏切って、

先生「……どう？　可愛い？」

と返すことで、生徒から「**裏切りの笑い**」＋「**安心の笑い**」を取っているのです。
こちらの例もそうです。

【例】夜中、廃校で高校生2人が話している
高校生1「もう夜中の2時か」
高校生2「でも、まだ家に帰りたくねーなー」
高校生1「確かに」

高校生2「だろ」
高校生1「おい、今、なんか聞こえなかった?」
高校生2「え、嘘でしょ」
高校生1「静かにして、聞こえるかも」
高校生2「………」
高校生1「………」
高校生1(オナラをする)「あ、俺のオナラの音だった」
高校生2「ビックリさせんなよ(笑)」

高校生1が、「おい、今、なんか聞こえなかった?」と言った時点で、高校生2は、夜中の廃校という状況もあり、霊的な何かだと予想をします。それを高校生1は裏切って、
高校生1「あ、俺のオナラの音だった」

と言うことで、「**裏切りの笑い**」＋「**安心の笑い**」を取っているのです。

第3者がいなくても成り立つ「裏切りの笑い」

第３章で、「裏切りの笑い」は、

裏切る人（第1者）
裏切られる人（第2者）
笑わせたい相手（第3者）

が必要と述べてきました。しかし、先の２つの例は、

裏切る人（第1者）
裏切られる人と笑わせたい相手が一緒（第2者）

になっています。
実は、「**裏切りの笑い**」に「**安心の笑い**」**が入っている場合に限り、**「**裏切られる人**」**と**「**笑わせたい相手**」**が一緒でも、笑いは生まれる**のです。

何故かというと、裏切りに対しリアクション（驚き、怒り、悲しみ、困惑、など）を起こすよりも、安心感の方が勝ち、「安心の笑い」が生まれるためです。
他の例も見てみましょう。

【例1】学校の体育館裏に、男子生徒が別の男子生徒を呼び出した時
男子生徒1「ごめん」
男子生徒2「どうしたの？　休み時間に体育館裏なんかに呼び出して」
男子生徒1「お前に、どうしても伝えたいことがあって」
男子生徒2「え？　それって……まさか」
男子生徒1「実は……」

男子生徒２「………」
男子生徒１「英語の教科書、貸してほしいんだ」
男子生徒２「告白じゃないんだ（笑）」

告白かと思ったらそうではなかったという「裏切りの笑い」と、男子生徒が別の男子生徒から告白されるかも……という気まずい緊張感を作ってからの安心感を与える「安心の笑い」が入っているので、裏切られる人と笑わせる相手が同一人物でも成り立ちます。

【例２】中年男性２が、中年男性１を面接している状況
中年男性１「よろしくお願いします」
中年男性２「野田さんは、何をやられていた方なんですか？」
中年男性１「実は私……ムショ帰りなんです」
中年男性２「えっ？」
中年男性１「ず〜っと長いこと、ムショにいました」

中年男性2「そ、そうなんですか」
中年男性1「税務署ですけど」
中年男性2「そっちか（笑）」

ムショ＝刑務所にいたと思わせて、実は税務署にいたという「裏切りの笑い」と、刑務所に入っていたという緊張感を作ってからの安心感を与える「安心の笑い」が入っているので、裏切られる人と笑わせる相手が同一人物でも成り立つのです。

（4）「安心の笑い」で、できるだけ大きな笑いを取るには？

「安心の笑い」で、できるだけ大きな笑いを取るには、どうしたらいいのでしょうか？
それは、相手が感じる安心の度合いを上げること……ではありません。
実は「安心の笑い」を大きくする確実な方法は、ありません。
先ほどから述べているように、「安心の笑い」は、それだけでは存在していないものだからです。

「安心の笑い」「裏切りの笑い」＋他の笑いの種類で大きな笑いを取る

では、「自虐の笑い」を足してみましょう。

【例】男性1が貧乏の自虐（男性2人で飲んでいた後の会計時）

男性１「１人２３００円か」
男性２「あ、俺、大きいのしかないからとりあえず出しちゃうわ」（一万円札を出す）
男性１「え、ちょっと待って」
男性２「どうした？」
男性１「一万円札って、実在するのか」
男性２「初めて見たの（笑）」

お気付きでしょうか？
貧乏という「自虐の笑い」の中に、「裏切りの笑い」「安心の笑い」も入っています。
それは、

男性1「え、ちょっと待って」

という台詞《せりふ》が入ることで、男性2の心の中で「どうしたんだろう？」「何かあった？」
というような緊張感が出てきます。
だから、

男性2「どうした？」

と男性2は聞き返します。そこに、

男性１「一万円札って、実在するのか」

という「自虐の笑い」と、「そんなことかよ（笑）」という「裏切りの笑い」「安心の笑い」が加わり、男性２の緊張感が緩和され、

男性２「初めて見たの（笑）」

と、笑いに繋がるわけです。

仮に、今の会話にこういう緊張感がなかったとします。

【例】

男性１「１人２３００円か」

男性２「あ、俺大きいのしかないからとりあえず出しちゃうわ」（一万円札を出す）

男性１「一万円札って、実在するのか」

男性2「え!? 何?」

というように、笑いが流れる可能性があります。

もし笑いが流れず、「自虐の笑い」になったとしても、「裏切りの笑い」と「安心の笑い」が足されていないので、笑いは少ないでしょう。

「安心の笑い」がある場所には、常に「裏切りの笑い」もあるはずです。

(5)「安心の笑い」を取る時の注意点

緊張を作りすぎると笑いは減る

緊張に対して安心を与えることができれば、「安心の笑い」が取れると説明しましたが、必ず笑いが増幅するのでしょうか?

いいえ。例外もあります。

あまりに緊張を作りすぎた場合、笑いを減少させることもあるでしょう。
先ほどの例を使って説明しましょう。

【例】学校で、先生が生徒に怒っている状況
先生「次、やったらタダじゃおかないからな!!」
生徒「はい、すみませんでした」
先生「次から気をつけるんだぞ」
生徒「はい！」
先生「本当に反省してるのか！」
（先生の頭に蝶々がとまる）
先生「……どう？　可愛い？」
生徒「（笑）」

◆あまりに緊張を作りすぎた場合

【例】学校で、先生が生徒に怒っている状況

先生「次、やったらタダじゃおかねーからな！　マジで殺してやろうか」
生徒「す、すみませんでした」
先生「(生徒を引っぱたく）おい、土下座して謝れよ」
生徒「はい！（土下座する)」
先生「次、やったら、二度と立てねー身体にしてやるからな!!」
(先生の頭に蝶々がとまる)
先生「……どう？　可愛い？」
生徒「………」

これでは、笑いにはならないですよね。
なぜなら、頭に蝶々がとまって「どう？　可愛い？」と聞いたぐらいでは、その手前の緊張に対して安心感が生まれないからです。逆に、「どう？　可愛い？」という質問に対

しても恐怖を感じ、いっそう緊張してしまうかもしれません。

（6）まとめ

お笑いの養成所などで最初に習う教えに「**緊張と緩和**」という考え方があります。

これは、ドイツの哲学者カントの「笑いとは張り詰められていた予期が突如として無に変わることから起きる情緒である」という理論や、桂枝雀の「緊張状態から緩和状態（解放される）になると笑いが起きる」という説明と同じことです。

お笑いネタのコントの設定では、

お葬式、手術室、飛び降り自殺、銀行強盗、取調室

などをよく見ますよね。

これらの設定が選ばれるのは、そこにすでに緊張感があり、わざわざ緊張感を漂わせる必要がなく「安心の笑い」を生みやすいからです。

「安心の笑い」のメリットは、**リスクが低い**ことです。なぜなら、安心を与えるので、たとえ笑いにならなくても、相手は嬉しいのです。

何かに失敗した時、気まずい時、怒られた時……緊張感が漂う場は、もしかしたら笑いを取るチャンスかもしれません。

第5章　期待に応える笑い　難易度★★★★

あなたの言動で、笑わせたい相手の期待に応え、満足させて笑いを生む技術

（1）「期待に応える笑い」では、相手をどういう感情にさせることによって、どういう理屈で、笑いを取れるのだろうか？

相手を満足させる

笑わせたい相手が期待している言動を取ることで、「よく言ってくれた！」「待ってました」「見られて良かった」「聞けて良かった」などと思わせることができたら、あなたは相手を満足させたと言えるでしょう。

人は、満足できたら嬉しくて笑顔になりますよね？　逆に期待していたものと違った時、笑顔はなくなります。

満足させることができれば、基本的に笑いは取れます。この笑いのことを、本書では「期待に応える笑い」と呼びます。


人間は、どうして満足すると笑顔になるのか？

それは、満足すると……嬉しいから、幸せだからです。

これを利用しましょう。

笑いを起こすために相手の期待に応えて満足させる。

人は「こうだったらいいな」「こうしてほしいな」という欲求が満たされた時、自然と笑っているのです。

（2）「期待に応える笑い」は、どういう相手や場に適しているのだろうか？

まずは、自分に期待してもらわないといけません。ですので、笑いを起こせるのは、自分に期待をしてくれる相手のみです。逆に言うと、初対面の人や、薄めの人間関係の相手には、使えない可能性があります。

場については、相手が期待している内容によって変わってきます。

（３）「期待に応える笑い」を取る方法

相手の期待を感じ取り、実行

では、どうすれば「期待に応える笑い」を取ることができるのでしょうか？

それには、今、相手が期待していること（こんなことを言ってほしい、こんなことをやってほしいという欲求）を感じ取り、もしくは聞き、それを実行することが必要です。

具体例を見ていきましょう。

【例1】雪の日、男性2人が歩いている状況
男性1「雪、すごいねー」
男性2「すごい足元滑るな」
男性1「確かに」
男性2「お前って、こういう時、コケそうだよな～」
男性1「いや、いや、大丈夫だよ」
男性2「いや、お前、絶対にコケそうだよ」（↑コケてほしいという期待）
男性1「（その期待を感じ取り）いやいや、俺は注意して歩いてるから絶対コケないよ」
（コケる）
男性2「ほらー（笑）」

【例2】女子高生2人が絵を描いているが、描いている途中では互いに絵を見せない状況
女子高生1「久しぶりに絵描くな～」
女子高生2「幸子ってめちゃくちゃ、下手な絵、描きそうだね」

女子高生１「そうかな～」
女子高生２「いや、書きそうだよ～」（↑下手な絵だったら面白いのになという期待）
女子高生１「別に普通だと思うよ～」（実際は、もっと上手い絵を描けたとしても、期待を感じ取り、わざと下手に描く）
女子高生２「じゃあ、せーので見せ合おう！　せーの」
（お互い、絵を見せる）
女子高生２「めちゃくちゃ下手じゃん（笑）」

【例３】男性２人・女性２人の合コンでの自己紹介という状況
男性１「じゃあ、女子から自己紹介お願いします」
女性１「名前は○○です。特技は水泳です」
女性２「名前は△△です。特技は耳元でエッチな言葉を囁《ささや》くことです」
男性１「マジで」
男性２「おい、お前、変な気分になってるんじゃないだろうな?･」

男性1「なってないよ」
男性2「本当か?」(↑なってたら面白いのに、という期待)
男性1「(その期待を感じ取り)ちょっとトイレ行ってくる」
男性2「なってんじゃねーか(笑)」

このように、相手の期待に応えれば、それだけで笑いが起こるのです。

笑いの種類が変化する

元々は、違う笑いの種類だったのが、いつの間にか、「期待に応える笑い」に変化しているものがあります。
その典型例は、お笑いトリオ「ダチョウ倶楽部」のギャグ、「どうぞどうぞ」です。

◆「どうぞどうぞ」ダチョウ倶楽部(引用)

【例】食事後のレストラン

上島「いや〜美味しかったね」
肥後「美味しかったね」
寺門「美味しかったね。ジャンケンで負けた奴がココの飲食代、全員分払おうか？」
肥後「いや、今日は、俺が全員分払うよ」
寺門「だったら、俺が払うよ！」
上島「だったら、俺が払うよ！」
肥後・寺門「どうぞどうぞ！」
上島「なんでだよ！」

このギャグは、**本来は「裏切りの笑い」**です。

肥後・寺門（裏切る人たち）
上島（裏切られる人）

視聴者（優越感を覚える人）

突然裏切られた上島さんを見て、視聴者が優越感を覚えて笑うという構図です。

ただ、テレビなどでこのギャグを見る時、上島さんが裏切られることは、ほとんどの人が知っています。

なぜなら、このギャグをもう何十回と日本中の視聴者は見てきたからです。

また、上島さんも裏切られることを知っているため（共同作業の「裏切りの笑い」であるため）、やらせ感が出てしまい、本来なら笑いが起きない可能性すらあります。

しかし実際には、数十年ずっとウケ続けているのです。

それは何故でしょうか？

視聴者が、上島さんに裏切られてほしいと期待し出した——つまり、このギャグが、時間の経過によって、いつの間にか「**裏切りの笑い**」から「**期待に応える笑い**」**に変化した**からです。

その場の会話の流れの中で、笑いの種類が変化することもあります。

◆会話の流れの中での変化

【例】男性2人・女性2人の合コン（男性2人と女性1人が元々知り合い）の次の日、元々知り合いだった3人が集まっての会話

男性1「ねぇ、昨日、合コンに来た、お前の知り合いの〇〇ちゃん、俺のこと何か言ってた？」
女性「なんかすごく素敵だって」
男性1「え？　本当に？」
女性「ウソだけど」
男性1「ウソかい！」
男性2「(笑)」（↑「裏切りの笑い」）
男性1「お前は〇〇ちゃん、どう思う？」
男性2「俺、〇〇ちゃんと連絡先交換して、今度デートに行くことになった」

男性1「え？　本当に？」
男性2「ウソだけど」
男性1「ウソかい！」
女性「（笑）」（↑「裏切りの笑い」）
男性1「なー、お前は俺のことどう思う？」
女性「普通にイケてると思うよ」（↑本心）
男性1「本当に？」（↑「ウソだけど」を期待して）
女性「（その期待を感じ取り）ウソだけど」
男性1「ウソかい！（笑）」（↑「期待に応える笑い」）
男性2「（笑）」（↑「裏切りの笑い」）

初めはシンプルな「裏切りの笑い」だったものが、途中から男性1が「ウソだけど」を期待するようになって生まれた「期待に応える笑い」です。

（4）「期待に応える笑い」で、できるだけ大きな笑いを取るには？

「期待に応える笑い」は、相手に満足感を与えることで笑いが生まれます。
ですので、次のような図式になります。

相手が少し満足する　→　微笑
相手が一気に大きく満足する　→　爆笑

大きく満足するというのは、どういうことか？

期待している人が「この期待には応えられないだろうな」「これは無理だろうな」と思っていればいるほど、その期待に応えた時、満足感を大きく与えられます。
逆に、「これは、さすがにやってくれるだろう」「まぁ俺でもやれるけど」というような期待に応えても、大きな満足感は生まれません。

【例1】会社帰りに先輩と後輩が居酒屋で飲んでいる時の会話

先輩「お前ってすごい毒舌だよね?」
後輩「そうですかね」
先輩「ねー、同期の岩下のこと、どう思う?」(↑毒づいてほしいという期待)
後輩「(その期待を感じ取り)キライです!」
先輩「出た(笑)」

先輩の期待通りの返事をしているので、笑いが起きます。
ただ、毒づく対象が同期の人間なので、そこまで難しくなく、先輩の満足感もそれほど大きくないでしょう。
次のようにすると先輩の満足感がより高まり、笑いが大きくなります。

【例2】会社帰りに先輩と後輩が居酒屋で飲んでいる時の会話

先輩「お前ってすごい毒舌だよね？」
後輩「そうですかね」
先輩「ねー、社長のこと、どう思う？」（↑毒づいてほしいという期待）
後輩「（その期待を感じ取り）殺したいです！」
先輩「（爆笑）」

毒づく対象が社長なので、「この期待には応えられないだろうな」という気持ちが先輩にはあったでしょう。ところが、その期待に応えてくれ、さらに毒舌の表現方法も強めにしたので、先輩が爆笑する可能性は高いでしょう。

（5）「期待に応える笑い」を取る時の注意点

大人数の前で「期待に応える笑い」を取る時に気をつけるべきは、一部ではなく**「全体が何を求めているか？」を感じ取って判断する**ことです。

有名人であれば、大人数でも相手が期待するものが一致しやすく、大きな笑いを取ることができますが、一般の方の場合、その判断はかなり難しいでしょう。

（6）まとめ

「期待に応える笑い」は、笑わせたい相手の欲求に応える笑いです。

求められていなければ生まれない笑いなので、自分では場やタイミングをコントロールできません。

また期待に応えられないと、相手に不満が生じるので、大きなリスクを背負います。

しかし、あなたなら期待に応えてくれるだろうという、相手の気持ちも忘れてはいけません。

「今、自分に何が期待されているか？」を感じ取り実行する力は、笑いだけでなく他の様々な場面でも役立ちます。

まずは、身近な人の言葉に耳を傾けてみましょう。

もし、あなたに〝何か〟を期待している人がいたなら、あなたはすでに面白い人と認められている証拠です。

コラム　9つの「笑わせる技術」とダジャレ、下ネタ

「笑い」と聞くと、一般的にはダジャレや下ネタを思い浮かべる人が多いでしょう。ところが本書には「ダジャレ」「下ネタ」といったジャンル分けは出てきません。そのことを不思議に感じる人もいらっしゃるのではないでしょうか?

一つ気をつけていただきたいのは、本書の「9つの笑いの種類」というのは、ダジャレ・下ネタといった「**笑いのジャンル**」**ではなく、**「**笑いの取り方の種類**」を指しています。

ですので、ダジャレ・下ネタも、使い方によって「**9つの笑いの種類**」**に分けられます。**

ダジャレについて

かつて、「ボキャブラ天国」という人気番組がありました。時期によって番組構成は異なるのですが、特に絶大な人気を誇ったのが、若手お笑い芸人がダジャレ的なネタを披露するものです。それはこういうネタの見せ方をしていました。

画面のテロップは、普通の文章を表示しますが、芸人はその文章と同じ文字数、同じ響きで違うことを言います。そこには「裏切りの笑い」が生まれています。これがベースで、そこに「共感の笑い」や「自虐の笑い」を織り交ぜているケースもよくありました。

【例】「ボキャブラ天国」での爆笑問題のネタ（引用）

田中「俺、バンドやめようと思って」
太田「何言ってるんだよ！」
田中「なかなか売れないし。俺、才能ないし」
太田「そんなことないよ！　2人でいつも話してたろ！　俺たちいつか絶対ビッグになって」

テロップ〈武道館　一杯にしようって〉
太田「ぶどうパン　いっぱい食おうって」

これは「裏切りの笑い」です。視聴者をテロップの内容に誘導させておいて、裏切るからです。
また、ここには「安心の笑い」も含まれています。バンドの解散という緊張感のある設定なのに、夢がしょぼい（「ぶどうパン　いっぱい食おうって」）ということで、緊張が緩和されています。

ナイツのネタも、基本は「裏切りの笑い」と「自虐の笑い」からなっています。

【例1】 ナイツのネタ（引用）
塙「昨日、TATSUYA（タツヤ）に行って調べてきたんだけど」
土屋「TSUTAYA（ツタヤ）だろ！」

ツタヤをタツヤと読み間違えている（言い間違えている）塙さんを見て、優越感を刺激される「自虐の笑い」、さらに、人によっては、「TSUTAYA（ツタヤ）とTATSUYA（タツヤ）って、見間違えやすいよね」という「共感の笑い」もあるでしょう。

【例2】ナイツのネタ（引用）
塙「漫画家で、手塚治虫（テヅカオサムムシ）さんという人がいるんですけど」
土屋「オサムさん！　ごめんね、あの虫（ムシ）って読まないの！」

こちらには、「裏切りの笑い」「自虐の笑い」「共感の笑い」が含まれています。

下ネタについて

やはり、ナイツのネタを使って解説しましょう。

【例1】 ナイツのネタ（引用）

塙「スタジオしゃぶりは、どんどん勢いをもっていくんですよ」
土屋「ジブリね。スタジオジブリ。それじゃあ、ただの風俗店だろ」
塙「痴女の宅急便とか」
土屋「魔女の宅急便だよ。そうゆうお店もありそうだけど」
塙「紅のメスブタとか」
土屋「メスいらないから。紅の豚ね」
塙「事を済ませば」
土屋「耳をすませば！　全部いやらしく聞こえるね」

これも、覚え間違いという「自虐の笑い」、「人前でそれを言う?・」という、羞恥心を超えた言動を取る「無茶の笑い」（第6章で後述）も入っています。さらに、『痴女の宅急便』や『事を済ませば』とは、いったいどんなアニメだろう?・」という「発想の笑い」（第7章で後述）も含まれます。

途中から、ジブリをもっと下ネタでいじってほしいという期待が生まれている人に対しては、「期待に応える笑い」も入ってきます。

このように、ダジャレ・下ネタも、使い方によって9つの種類に分けられるのです。

第6章　無茶の笑い　難易度★★★★★

あなたの言動で、笑わせたい相手に、「自分にはできないことをやってくれた」という快感をもたせて笑いを生む技術

(1)「無茶の笑い」では、相手をどういう感情にさせることによって、どういう理屈で、笑いを取れるのだろうか?

快感が笑いに変わる

人にはそれぞれ羞恥心や恐怖心があります。「こんなことをしたら恥ずかしい」「そんなことをしたらダメだ」といった感情や社会的ルールに縛られて生活をしています。

そういう規範に縛られている人に対して、自分の言動で「それ言っちゃうんだ！」「そんなことするんだ!!」などと、思わせることができたら、あなたは、相手に一種の快感を与えられたと言えるでしょう。

そして、この快感は、時に笑いに変わります。

この笑いのことを本書では「無茶の笑い」と呼びます。

何故、快感は笑いに変わるのでしょうか？　それは、相手に対しワクワクするからです。ワクワクしている時は自然と笑っているでしょう。

これを利用しましょう。

笑いを起こすために相手に快感を与え、ワクワクさせましょう。

人は、誰かが自分にはできないような無茶な行動をしてくれた時、自然に笑ってしまうものなのです。

（2）「無茶の笑い」は、どういう相手や場に適しているのだろうか？

これまで紹介してきた笑いの種類の中でも、特に難易度が高いのが、この「無茶の笑い」と言えるかもしれません。

基本的に無茶な行動をして笑いを生む手法ですので、仲間内では有効ですが、初対面の人や、あまり親密でない人に対しては向いていない笑いの取り方だと言えます。一歩間違えると「危険な人」だと思われてしまいますので、注意が必要です。

また、特にここが適しているという場はありません。その時々で「今、その無茶は有効か？」と判断することが求められます。いや、有効でないからこそ、無茶なのかもしれません。

いずれにせよ、かなり難易度の高い笑いです。

（3）「無茶の笑い」を取る方法

「無茶の笑い」は、人が「こんなこと言えない」「そんなことしたら恥ずかしい」と思うことを、あえて言ったり、行ったりすることで笑いを取れると説明しました。

無茶の種類は、大きく次の2つに分けられます。

1　感情に対する無茶（恥ずかしい、痛い、つらい、きつい、怖い、といった感情を抑えて行動する無茶な行為）

2　社会に対する無茶（下ネタ、タブー、○○してはいけないという暗黙のルールを破る無茶な行為）

【例1】先輩に謝りに行く

後輩「昨日、約束の時間に10分遅刻してすみませんでした」

先輩「いいよ、いいよ」

（後輩、先輩を笑わせようと、38歳なのに丸坊主にしてくる）

後輩「なので、反省の意を込めて丸坊主にしてきました」
先輩「そこまですんなよ（笑）」

【例2】友達を家に呼ぶ
男子1「どうぞ〜せまいですけど〜」
男子2「お邪魔しまーす。何、お前、その格好?」
（男子1、男子2を笑わせようと、子供服を着ている）
男子1「今日、服が全部、洗濯中だから、小学生の妹の服着てるんだよ」
男子2「どうしてそうなるんだよ（笑）」

【例3】小学生の男の子2人での遊び
男の子1「ヘルメットを上に投げて3回転させてかぶるよ」
（上に投げ、頭に当てて、失敗し、また続ける）
男の子2「何がしたいんだよ（笑）」

【例4】真冬の海

男性1「この海の向こうにアメリカがあるのかぁ。行きたいな～」
男性2「いつか遊びに行けたらいいな」
男性1「いや、今行きたい。俺今なら、水の上を走れる気がする」
（男性1、真冬の海に入っていく）
男性2「行けるわけないだろ（笑）」

【例5】男子3人で家で遊んでいる。相手が「裏切りの笑い」でボケてきた
男子1「お腹すいた～」
男子2「何か食べ物ないの？」
男子3「あるよ」
（ドッグフードを出す）（↑「裏切りの笑い」）
男子1「うまそう」

（男子1、ドッグフードを本当に食べる）（↑「無茶の笑い」）
男子2「（笑）」
男子3「（笑）」

（4）「無茶の笑い」で、できるだけ大きな笑いを取るには？

基本的に「無茶の笑い」で大きな笑いを取る確実な方法はありません。相手がその無茶を受け入れるか受け入れないか、一か八かの笑いです。

（5）「無茶の笑い」を取る時の注意点

「無茶の笑い」を取る時に気をつけなければいけないのが、無茶を快感と思う人と不快に感じる人がいるということです。割合で言うと、快感と思う人の方が少ないでしょう。ですので、人間関係をちゃんと作り、相手をよく知った上で、試してみてください。

昨今、ＹｏｕＴｕｂｅｒたちが、面白い動画を撮るために無茶をして、批判を浴びたケースがありました。レストランで大量の注文をして残したり、人が多く行き交う渋谷の交差点にベッドを置いて寝てみたり、白い粉を警察官の前でわざと落とすドッキリをしかけたり……。

あくまで他人に迷惑をかけないという大前提のもとで「無茶の笑い」を使ってください。

(6) まとめ

「無茶の笑い」は、本書で紹介する**9つの笑いの中で最も難しい手法**と言えます。同じ無茶でも、相手やタイミングによっては嫌悪感を抱かせる可能性がありますし、相手との心の距離が一気に離れてしまう怖さもあります。また、気がつかないうちに社会的ルールや法を破っていたり、自分自身が大怪我を追ってしまうこともあります。ですので、細心の注意が必要です。

その一方で、大きな笑いが期待できますし、「アイツは一味違う」「面白い人間だ」などと、人と一線を画すチャンスも秘めています。

第7章　発想の笑い　難易度★★★★★

あなたの言動で、笑わせたい相手に、非日常感を与え、ワクワクさせ笑いを生む技術

（1）「発想の笑い」では、相手をどういう感情にさせることによって、どういう理屈で、笑いを取れるのだろうか？

自分の言動で、人に「そんな考えあるんだ？」「そんな考え、私にはなかった!!」「もっと話を聞いてみたいな」「あなたの脳みそ覗《のぞ》いてみたい」などと、思わせることができたら、あなたは相手に「非日常感」をもたせ「ワクワクさせた」と言えるでしょう。

そして、ワクワクさせることができれば、時に笑いに繋がります。

この笑いのことを本書では、「発想の笑い」と呼びます。

あなたは、旅行で知らない土地や外国を訪ねたり、素敵なテーマパークの世界観に触れたり、素敵な設定の漫画と出合ったりした時、ワクワクしませんか？　そしてワクワクした時、自然と笑顔になっていませんか？

人は、自分が思い描いてもいなかった世界と出合った時、自然と笑顔になるのです。

(2)「発想の笑い」は、どういう相手や場に適しているのだろうか？

「発想の笑い」は、あなたが思い描いている内容を相手と共有しなければ伝えられません。ですので、相手に想像力が必要です。となると、子供など想像力が乏しい相手には、通用しません。また、相手が「発想の笑い」を受け取る時、想像力を発揮しやすい環境にいることが大事です。

(3)「発想の笑い」を取る方法

自分が頭の中で考えていることを思い切って口に出してみましょう。

【例1】朝、中学校での会話

中学生1「昨日何してた？」
中学生2「テレビ見てた。世界陸上。見た？　すごくなかった？」
中学生1「俺、思ったんだけどさ……世界一足が速い人もすごいけど、世界一ビリの人も、同じくらいすごくない？　そっちの世界陸上見たいな〜」
中学生2「たしかに（笑）」
中学生1「優勝は、50メートル走、18時間9分」
中学生2「おそ（笑）」
中学生1「もう、遅く走ることに飽きて、ゴールした方が負け」
中学生2「我慢比べ大会じゃん（笑）。競技が変わってるよ（笑）」

【例2】青年2人がファミレスで、ボ〜ッとしている

青年1「は〜」
青年2「何、悩んでるの？」
青年1「俺、オッパイ好きじゃない？」
青年2「え？　あ、うん」
青年1「けど、もしこの世に、最初からオッパイがなかったとしたら、あることに違和感を覚えるわけじゃない？」
青年2「まぁ」
青年1「だけど、俺は、それでもオッパイがある人を好きなんじゃないかな〜とも思って、今悩んでるんだ」
青年2「無駄だな〜（笑）」

【例3】主婦2人が、「お金があればな〜」という会話をしている

主婦1「誰か私の人生、中古で買ってくんないかな」

主婦２「(笑)」

【例４】自分の家の上に住んでいる人が、夜中、めちゃくちゃうるさい状況で、カップル２人が寝ている

彼氏「あ〜うるさい」
彼女「大丈夫、我慢すれば寝れるよ」
彼氏「無理だよ！　このうるささ、白雪姫でも起きるわ！」
彼女「(笑)」

(４)「発想の笑い」で、できるだけ大きな笑いを取るには？

「発想の笑い」を大きく取るには、相手になるべく「そんなこと考えたこともなかった！」と思わせる必要があります。

相手が今までに聞いたことがないような発想が、より大きな笑いに繋がります。

(5)「発想の笑い」を取る時の注意点

最初に述べましたが、相手に想像力がないと、「え？　どういうこと？」となってしまい、笑いは起きません。

逆に、相手がしっかり想像でき、しかもワクワクする内容であれば、大きな笑いを取れる可能性が十分にあります。

例えば、芸人さんの「大喜利」は、この「発想の笑い」を使うことが多いでしょう。

(6) まとめ

「発想の笑い」と聞くと、センスが非常に求められるのではないかと思うでしょう。しかし、人にはそれぞれ様々な「発想」があり、自分にとっては普通のことが、ある人にとっては「そんな考え方あったんだ！」と新鮮に映ることもあるかもしれません。

ですので、まずは思ったことを口に出してみましょう。そして、発想力を鍛えるために、いつも妄想する習慣をつけると、いざ、笑いを取るチャンスが来た時に、「発想の笑い」を使えるかもしれません。現実の世界だけではなく、あなたの頭の中の世界で、相手を笑わせてみてください。

第8章　リアクションの笑い　難易度★★

あなたの言動で、笑わせたい相手に、今自分に起きている不幸を利用し、
優越感をもたせて笑いを生む技術

(1)「リアクションの笑い」では、相手をどういう感情にさせることによって、どういう理屈で、笑いを取れるのだろうか?

「リアクション」とは何か?

リアクションとは反応のことです。
突然、自分に不幸が降りかかってきた時の反応。

他人に裏切られた時の反応。

何かを見たり聞いたりした時の反応。

このように、良いことであれ、悪いことであれ、何かに対する自分の反応のことをリアクションと言います。

「リアクションの笑い」とは

誰かに感情を動かされたり、感情を動かされるような状況に巻き込まれたりした時に、自分が起こす言動によって、笑わせたい相手に「あいつ、あんなに慌ててやがる」「あいつ、すごく困ってるじゃん」「あいつじゃなくて良かった」「自分の方がマシかも」などと思わせることができたら、あなたは、相手に優越感をもたせたと言えるでしょう。

相手に優越感を与えると、笑いを取ることができるのは、「自虐の笑い」で述べた通りです。

このような方法で生まれる優越感を利用した笑いのことを、本書では「リアクションの笑い」と呼びます。

同じ優越感でも、笑いの種類によって次のような違いがあります。

「自虐の笑い」で生まれる優越感は、自分を下にして、相手に与える優越感
「裏切りの笑い」で生まれる優越感は、他人を下にして、相手に与える優越感
「リアクションの笑い」で生まれる優越感は、他人や状況によって、自分が下にされたことを利用して、相手に与える優越感

他人によって自分が下にされたことを利用する「リアクションの笑い」の場合、次のような関係性になります。

A：裏切る人「裏切りの笑い」
B：裏切られる人「リアクションの笑い」
C：優越感を覚える人「笑う」

「リアクション」と聞くと、熱いものを食べて「あちちち！」と叫んだり、高いところに立たされて「怖い怖い怖い！」と怯《おび》えたりすることと思われがちですが、「お笑い」で言う、「ツッコミ」のポジションも「リアクション」に含まれます。先ほど触れたように、何かに反応することが、「リアクション」だからです。

Ａ：ボケ「裏切りの笑い」

Ｂ：ツッコミ「リアクションの笑い」

Ｃ：お客さん「笑う」

ちなみに漫才は、これがベースとなり、さらに他の種類の笑いが重なってきます（もちろん、もっと変化球的な漫才もあります）。

自分に降りかかった不幸により味付けするという意味で、大きな反応をして相手に優越感を与えれば、自然に笑いが起こるでしょう。

(2)「リアクションの笑い」は、どういう相手や場に適しているのだろうか？

「リアクションの笑い」は、基本的に、自己発信で笑いを取ることが難しいので、相手や場を選ぶことはできません。

しかし、状況によって、自分が下になり「リアクションの笑い」が取れるチャンスが来た時は、そこにいる相手や場を選びません。なんだったら、言葉が伝わらない外国人が相手でも、「リアクションの笑い」で笑いを取ることができます。

最も相手を選ばない笑いと言ってもいいでしょう。

(3)「リアクションの笑い」を取る方法

「リアクションの笑い」で、大切なのは、相手にわかりやすく反応をすることです。

1　状況に対して反応する（驚く、痛い、怖い、熱い、寒い、辛い、苦しい、困る、など）

2　その反応に対して生まれた感情を伝える（怒り、悔しさ、悲しさ、恥ずかしさ、嬉しさ、寂しさ、心配、など）

言葉や動きを使ってわかりやすく、笑わせたい相手に反応や感情を伝えましょう。

では、第3章の「裏切りの笑い」で使った例に「リアクションの笑い」を加えたら、どうなるかを説明しましょう

【例1】女子高生3人がファミレスでくっちゃべっている状況
女子高生1「は〜だり〜」
女子高生2「やば、スマホの充電全然ない。充電器もってる人？」

女子高生3「私もってない……」
女子高生1「私あったかも（カバンを探す）。あ、あった！」
女子高生2「うわ～良かった～助かる～」
女子高生1「（カバンからチロルチョコを出す）お腹すいちゃってさぁ（食べる）」
女子高生2「充電器があったんじゃないの⁉」
女子高生3「（笑）」

ここで、「リアクションの笑い」を取れるのは、女子高生2です。

女子高生2「充電器があったんじゃないの⁉」

この時に、「リアクションの笑い」が使えます。
女子高生1が充電器を見つけたと思ったら、チョコを見つけていたのかという「驚き」。
この「驚き」の反応を、動きや表情を使って、わかりやすく見せましょう。

そうすれば、女子高生3に優越感が生まれ、笑いが取れます。

これが「リアクションの笑い」です。

もちろん、「充電器があったんじゃないの!?」より、もっと「驚き」を出せる良い言葉があれば、そちらを使いましょう。

【例2】30代の男性3人がファミレスでくっちゃべっている状況
男性1「明日、バイトかぁ」
男性2「え、お前ってバイトしてたの?」
男性1「してるよ。でも、そんなに入ってない」
男性2「どのくらい入ってるの?」
男性1「週4」
男性2「週4日?」
男性1「いいや、週4時間」
男性2「すくな!」

男性3「(笑)」

ここで、「リアクションの笑い」を取れるのは、男性2です。

男性2「すくな!」

この時に、「リアクションの笑い」が使えます。

週4日働いていると思ったら、週4時間だったという「驚き」。この「驚き」の反応を、動きや表情を使って、わかりやすく見せましょう。

そうすれば、男性3に優越感が生まれ、笑いが取れるでしょう。

さらに、それに加えて30代の男性が週4時間しか働いていないという「心配」や「悲しさ」などの感情が出てくるかもしれません。そうしたら今度は、「心配」や「悲しさ」を、動きや表情を使って、わかりやすく伝えましょう。

そうすることで、男性3の笑いは増幅するでしょう。

【例３】ペットショップで子犬を抱いている男性店員に、男性２人が話しかけている状況

男性１　「可愛いですね～」
男性店員「(抱いている子犬を見ながら) そうなんですよね～」
男性２　「なんていう種類なんですか？」
男性店員「チワワです」
男性１　「本当可愛いよな～」
男性店員「(抱いている子犬に向かって) 良かったな～可愛いって」
男性１　「いや、犬じゃなくて店員さん」
男性店員「え、僕!?」
男性２　「(笑)」

　ここで、「リアクションの笑い」を取れるのは、男性店員です。

男性店員「え、僕⁉」

この時に、「リアクションの笑い」を使えます。

男性1が、子犬を可愛いと言っていると思ったら、自分のことだったという「驚き」、あるいは「困る」という感情。この「驚き」や「困る」という感情を、動きや表情を使ってわかりやすく見せましょう。そうすれば、男性2に優越感が生まれ、笑いが取れるでしょう。

さらに、それに加えて、男性1が、初対面の自分を「可愛い」と言っていることに対し、「軽蔑」や「恐怖」などの感情が出てくるかもしれません。そうしたら、今度は「軽蔑」や「恐怖」を、動きや表情を使って、わかりやすく伝えましょう。

そうすることで、男性2の笑いは増幅するでしょう。

（4）「リアクションの笑い」で、できるだけ大きな笑いを取るには？

ウソとバレない範囲で反応を大きく見せる

反応が大きければ大きいほど、相手の優越感が増していき、大きく笑ってくれるでしょう。

しかし、それがウソのリアクションだと見破られると、優越感が消え、笑いは収まってしまうので、気をつけてください。

ですので、ウソと見破られる、ギリギリ手前の大きさで表現にするのが「リアクションの笑い」では、ベストと言えるでしょう。

反応のバリエーションを増やす

一つの出来事に対し、リアクションのバリエーションが豊富だと、笑いは増幅していくでしょう。

例えば、「辛《から》い」に対しての「リアクション」の場合、声を大きくしたり、声色を変えたり、むせたり、表情を大きくしたり、動きをつけたり、震えたり、時には涙を浮かべたり、鼻水を垂らしたり、汗をかいたり……様々な反応のバリエーションが考えられるでしょう。

生まれた感情を伝える言葉選び

自分に生まれた感情を他人に伝えるには、表情や動きもありますが、やはり言葉が一番強いです。

怒り、悔しさ、悲しさ、恥ずかしさ、嬉しさ、寂しさ、心配などの感情を、どう言葉にしたら、相手がより優越感をもち、笑いが増幅するか考えてみましょう。

(5)「リアクションの笑い」を取る時の注意点

先ほども述べましたが、ウソのリアクションだと見破られると、笑いは収まってしまいます。ですので、ある程度の演技力が必要です。

笑いにならない時

「リアクションの笑い」で、笑いにならないケースが一つあります。
それは、笑わせる相手に、**自分にもその不幸が襲ってくるかもしれないという危機感が生まれた時**です。

【例】 オオトカゲに追いかけられている男性
男性「助けてーーーーーーッ」

これがテレビの中の話で、テレビ越しにこのリアクションを見ていたら、きっと笑うでしょう。しかし、もし自分も同じ空間にいて、自分にも危険が及ぶ可能性があると思ったらどうでしょう。もちろん笑っている場合ではありません。優越感より、危機感の方が勝ってしまうからです。

【例】友達が、飛行機の中で、今まさにスカイダイビングをする瞬間

友達「怖い怖い怖い〜〜〜〜やだ〜〜〜〜やっぱ止める〜〜〜〜〜」

この友達のリアクションを見たら、あなたは笑うかもしれません。しかしこの後、自分もここから飛び降りるとしたら、恐怖心が勝って笑えないでしょう（もちろん、前提としてあなたがスカイダイビングを怖がっているケース）。

（6）まとめ

「リアクションの笑い」は一般的で使いやすいので、皆さんも何度も使ったことがあるのではないでしょうか？

どんな些細《ささい》なことでも、あなたのリアクション次第で面白いものになります。

しかし、せっかく誰かに感情を動かされたり、感情を動かされるような状況に巻き込まれたりしても、普段から感情を表に出さないで生きていると、上手く出すことはできません。「リアクションの笑い」を取るのが上手い人は、常日頃から、感情を表に出して生きています。

日本では、自分の感情を表に出さないことが美徳とされます。しかし、「リアクションの笑い」を取るために、普段から感情を出すよう心掛けておきましょう。

実は日本人は、感情を出して生きている人に憧れています。「リアクションの笑い」をマスターすれば、あなたの周りにはきっと人が集まってくるでしょう。

第9章　キャラクターの笑い　難易度★★★

あなたが、笑わせたい相手が知っている「自分」を演じ、相手に「嬉しさ」を与えて笑いを生む技術

(1)「キャラクターの笑い」では、相手をどういう感情にさせることによって、どういう理屈で、笑いを取れるのだろうか?

「キャラクター」とは何か?

まず、この「キャラクターの笑い」で言う「キャラクター」とは何かについて、説明します。

ここで言う「キャラクター」とは、笑わせたい相手が自分をどういう人間だと認識しているか、つまり、**相手から見える自分のイメージ**のことです。

例えば、青森県出身、30歳、ぽっちゃり型、毒舌の女性がいたとします。

この女性のキャラクターについて、ある人は「毒舌キャラ」と答えるかもしれませんし、「田舎者キャラ」と思う人や「デブキャラ」と認識する人もいるかもしれません。また、外国人から見れば「日本人」ということがキャラになるかもしれませんし、男性ばかりの場では「女性」ということが一種のキャラクターになるかもしれません。

さらに、初対面の人は外見的なキャラクターで認識するかもしれませんし、仲の良い友人なら性格的なキャラクターを認識しているかもしれません。

このように、一人の人間には様々なキャラクターの要素があり、見る相手や場によって異なるのです。

キャラクターは、大きく次の2つに分けられます。

◆**表面的キャラクター**

・太っている、ハゲているなど見た目のキャラクター

・性別、年齢、出身地、職業、立場などからイメージするキャラクター

◆**内面的キャラクター**

・熱血、ネガティブ、せっかちなどの性格的なキャラクター

・いじられキャラ、スベりキャラなど対人的なキャラクター

・その他、その場で生まれた一時的なキャラなど

「キャラクターの笑い」を取るには、**その場での自分のキャラクターを客観的に把握することが大事**です。

「キャラクターの笑い」とは

自分の言動によって、人に「やっぱりコイツはこういう奴だよな！」「やっぱりお前は、そうすると思った」などと、相手がイメージしていた自分の人間像と、実際の人間像が一致した場合、人は嬉しくなるのです。

あなたの言動で、相手に嬉しさを与えることができれば、基本的に笑いは取れます。嬉しいと人は笑います。それは幸せになるからです。自分の言動で相手に嬉しさを与えれば、自然に笑いが生まれてくるはずです。

この笑いのことを、本書では「キャラクターの笑い」と呼びます。

(2)「キャラクターの笑い」は、どういう相手や場に適しているのだろうか？

この笑いは、自分に対してイメージしている人間像がある相手にのみ使えます。ですので、初対面より、長い付き合いの相手の方が使いやすいでしょう。

しかし、付き合いの長い相手でも、自分に対して何もイメージをもたない相手には「キャラクターの笑い」は通用しません。逆に言うと、初対面でも、自分のキャラクターを強く伝えることができれば、笑いが取れます。
特に場は問いません。

（3）「キャラクターの笑い」を取る方法

キャラクターのイメージ通りの言動をする

相手が思っている自分のキャラクター通りの言動をすることで笑いを取れます。

◆相手が自分を太っている（キャラクター）と認識していて、それを利用して笑いを取りたい場合

【例】雪が降っている街中
相手「今日さーみーなー」
自分「（手で扇《あお》ぎながら）えっ……うそ？　今日暑くない？」

相手「(笑)」

太っている人は暑がりというイメージ通りの行動をしているので、笑いになるでしょう。

◆相手が自分を恐妻家の旦那（キャラクター）だと認識していて、それを利用して笑いを取りたい場合

【例】お腹いっぱい食べた後の居酒屋

先輩「は〜お腹いっぱい」

後輩「この残った焼き鳥、もって帰ってもいいですか？」

先輩「え？　まだ食うの？」

後輩「いや、妻にお土産持っていかないと怒られるんで」

先輩「大変だな（笑)」

（4）「キャラクターの笑い」で、できるだけ大きな笑いを取るには？

この**「キャラクターの笑い」も、「安心の笑い」同様、それだけでは存在できません。**「裏切りの笑い」や「自虐の笑い」「期待に応える笑い」など、他の種類の笑いの中に入り込んで、笑いを増幅していくのです。

ですので、「キャラクターの笑い」のみで、笑いを大きく取るのは難しいでしょう。一種のスパイスと言えるかもしれません。

（5）「キャラクターの笑い」を取る時の注意点

大勢の前で「キャラクターの笑い」を取る時には、「自分がその集団から、どういうキャラクターとして認識されているか」の判断が必要になります。

しかし、人によって、自分のイメージ像が違うことも多々あります。

有名人などの場合、相手側がイメージするキャラクターが一致していることが多いですが、一般人ではそうはいかないでしょう。自分のことがあまり知られていない集団の前では、「見た目のキャラクター」など、わかりやすいものを利用した方がいいかもしれません。

（6）まとめ

「キャラクターの笑い」で一番大事な点は、笑わせたい相手や周りの人が、自分をどういう人間だと思っているかを見極めることです。

もしくは自分からキャラクターを浸透させ、イメージ像を作らせることです。

それさえできれば、比較的簡単に笑いを取ることができます。仮に普通のことを言っても、それがキャラクターに合っていたなら、それだけで笑いが生まれたりもします。

最後に 「笑わせる技術」を使いこなすための人間力

最後まで読んでいただき、誠にありがとうございました。

笑いを取る手法を9つのジャンルに分けて解説してきましたが、いかがだったでしょうか?

本書を読んで実践してみようと思ってくれれば光栄です。

また、バラエティー番組などを見て、「この笑いは『裏切りの笑い』だ」とか、「この笑いは、『自虐の笑い』と『期待に応える笑い』だ」とか、本書で解説した笑いのジャンルを見つけていくのも楽しいかもしれません。全ての笑いが、どれかのジャンルに必ず当てはまるはずです。

さて、９つの笑いの種類ですが、これらの笑いを使いこなすためには、最終的にあなたのもつ**「人間力」**が一番重要です。

「人間力」とは、あなたの魅力のことです。
笑わせるために、魅力ある人間になってください。
魅力のない人間に、人は笑わないでしょう。

人を笑わせるために、人に興味をもたれる人間になってください。
そのために、自分が自分に興味をもてる人間になってください。
さらに、そのために、常に自分が好きな自分でいてください。
そして、「人」を好きになってください。
人が好きじゃない人に、人を笑わせることはできません。
どんなに笑わせる技術があっても、そこに人間力がなければ、ただのお笑いロボットです。

お笑いロボットの作る笑いは、すぐに飽きてしまうでしょう。

この本を手に取っていただいたということは、きっと笑わせたい人がいるのではないでしょうか？

笑いは時としてリスクを伴います。

スベってしまうこともあるでしょう。

でも、そうなったとしても、心から笑わせたいという気持ちは、必ず相手に届きます。

その気持ちがまた次の笑いに繋がっていくのです。

最後に、本書が、人をたくさん笑わせるきっかけになり、世界が笑顔で満ち溢れれば、著者としてこれに勝る喜びはありません。

西条みつとし（さいじょうみつとし）
1978年生まれ。千葉県出身。'97年に、吉本総合芸能学院（NSC）入学。卒業後は、お笑い芸人として吉本興業に所属。2000年に渡辺プロダクションに移籍し舞台やテレビで活躍。'10年に芸人活動をやめ、放送作家に。数々のバラエティ番組の構成作家として活動しながら、'12年には劇団（現「TAIYO MAGIC FILM」）を立ち上げ、演劇の世界でも活躍する。現在、ドラマや映画の監督・脚本、舞台の演出・脚本なども手掛けながら、数多くのお笑いスクールやお笑い事務所の講師も担当。

笑《わら》わせる技術《ぎじゅつ》 世界《せかい》は9つの笑《わら》いでできている

2020年5月30日初版1刷発行

著　者 ── 西条みつとし
発行者 ── 田邉浩司
装　幀 ── アラン・チャン
印刷所 ── 堀内印刷
製本所 ── ナショナル製本
発行所 ── 株式会社光文社
東京都文京区音羽1-16-6(〒112-8011)
https://www.kobunsha.com/
電　話 ── 編集部03(5395)8289 書籍販売部03(5395)8116
業務部03(5395)8125
メール ── sinsyo@kobunsha.com

 ISBN 978-4-334-04459-6

1

笑わせる技術
世界は9つの笑いでできている

西条みつとし

「共感」「自虐」「裏切り」「安心」「期待」「無茶」「発想」「リアクション」「キャラクター」――日常会話から合コン、商談、スピーチ、お笑いのプロを目指す人まで使える新教科書。

978-4-334-04459-6

1066

「高学歴ワーキングプア」からの脱出

水月昭道

『高学歴ワーキングプア』刊行から13年、研究者であり僧侶でもある著者が、紆余曲折ありながらも行き着いた境地とは？ 元ポスドク、前野 ウルド 浩太郎氏との対談を収録。

978-4-334-04476-3

1067

日本の少子化対策はなぜ失敗したのか？
結婚・出産が回避される本当の原因

山田昌弘

1・57ショックから30年、出生率の低迷が続く日本。家族社会学者である著者が、少子化対策の的外れだった点を分析。いま直視すべき、日本に特有の傾向・意識、そして変化とは？

978-4-334-04468-8

1068

炎上ＣＭでよみとくジェンダー論

瀬地山角

炎上する広告には必ず理由があり、近年その多くがジェンダーへの無理解を背景としている。炎上の構造を4つの象限で捉え直す、東大名物講義の「番外編」。

978-4-334-04469-5

1069

日本の映画産業を殺すクールジャパンマネー
経産官僚の暴走と歪められる公文書管理

ヒロ・マスダ

「日本再生の柱」と叫ばれたクールジャパン政策はなぜ失敗したのか？ 現役映画プロデューサーが官民の腐敗と怠慢を暴くとともに、「現場」に効く改革案を提言する。

978-4-334-04448-0